一流の人をつくる整える習慣

自律神経を意識すると、
仕事はうまくいく

順天堂大学医学部教授
小林弘幸

はじめに：9割のビジネスパーソンは、自分の力を半分も出せていない

あなたは今、自分の実力を何割くらい発揮できているでしょうか。

思い通りに仕事が進み、何をやっても疲れないような理想的な状態を10割とすると、おそらくは7割くらい、下手をすると5割程度しか発揮できていない、そう感じている人も多いのではないでしょうか。それはじつにもったいない話。

しかし、なぜ多くの人がせっかくの力を十分に発揮できないのか。

答えは簡単です。

それは、力を発揮するための「整え方」を知らないからです。

世の中には「実力をつけたい」「スキルアップしたい」といった、いわゆる「能力アップ」の部分においては、意識を高く持っている人が大勢います。

ところがその反面、**「今持っている力を十分に発揮する」**という**「能力を出し切る」**部分に意識を向けている人は本当に少ないように感じます。

はっきり言って、100ある力を120にアップさせても、日常的に70しか発揮できていなければ何の意味もありません。

そんなことにお金と時間と労力を費やすくらいなら、100ある力を「安定的に90出せる」準備やコンディションづくりをするほうがはるかに効果的です。

ズバリ仕事のクオリティーを高めたいなら、「実力をつける」より「今の実力を出し切ること」に意識を向けたほうが圧倒的に近道です。

●「力の出し方」を知らなければ、いくら実力をつけても無駄！

私は医師として、多くの一流スポーツ選手のコンディショニング・アドバイザーをしていますが、彼らに共通しているのは**「いかにして、本番で自分の力を出すか」**という高い意識を持っていること。

Jリーガー、野球選手、ゴルファー、バイクレーサー、ラグビーのオリンピック選手など、私は世界の第一線で活躍する選手たちからアドバイスを求められますが、なぜ彼らが私の意見を聞き、指導を受けたがるかといえば、その理由は明白です。**彼ら、彼女らは、「実力をつける」ということと同じように、「今の自分の実力を100％発揮する」ということの大切さとむずかしさを痛いほど知っているからです。**

まさに「力の出し方」の部分です。

そもそも、スポーツの世界には次の3つのトレーニングアプローチがあります。

1. ストレングス

2. コンディショニング

3. ケア

1のストレングスというのは、文字通り筋力を強くしたり、技術を向上させるなど「スキルアップ」を目指したトレーニング。そして、疲労を取る3のケアというのは、ケガをした箇所を治したり、従来通りのパフォーマンスが発揮できるようリハビリをするなど「マイナスからゼロに戻す」トレーニングです。

ストレングスやケアも、もちろん大事です。

しかし、それに加えて**「持っている力を発揮するために状態を整える」というコンディショニングをきっちりやらなければ、真の力を発揮することはできません。**

だから一流のアスリートになればなるほど、徹底した準備をしますし、メンタルの整え方を工夫し、集中力を高めるトレーニングを欠かさないのです。


じつはこの一流アスリートたちがやっているコンディショニングの意識こそ、多くのビジネスマンにもっとも欠けている部分だと私は感じます。

一般の人でもケガや病気になれば回復するためのケアをします。それは当たり前でしょう。あるいは冒頭でも述べた通り、「実力をつけたい」「スキルアップさせたい」という思いを持って、ストレングスに励んでいる人は大勢います。

ところが残念ながら、「実力を出し切る」というコンディショニングの意識を持っている人はじつに少ない。

せっかくすばらしい能力を持っていながら、それを5割か、6割しか出せていない人が本当に多いのです。これでは宝の持ち腐れです。
あなたもその一人ではないでしょうか。

●ちょっとした意識や行動を変えるだけで「出せる力」の質が変わる

私はこれまで40冊以上の本を出版し、それらの本の中で主に「自律神経」について語ってきました。

自律神経をひと言で表現するなら、体の状態を（自動的に）整えてくれている器官。

つまり「自律神経をいかに整えるか」というのは「体の状態をいかに整えるか」と同義であって、コンディショニングの意識そのものなのです。

ところが、これまで「自律神経」というと「健康」という側面ばかりがクローズアップされてきました。

健康になるために自律神経を整えることはもちろん大事です。

しかし、むしろ**「自分のコンディションを整え、今ある実力を十分に発揮するため」**に自律神経を整える。

人生を切り開くには、そんな意識が大事だと私は痛切に感じています。

本書は、そのためのちょっとしたコツや考え方をまとめました。

ぜひ本書をきっかけにして、世の中の多くの人がコンディショニングの意識を持ち、**「今の実力を十分に発揮するための整え方」**を身につけてほしいと思います。

とはいえ、本書で紹介する方法は非常にシンプルかつ簡単なことばかり。

体に負担をかけ、ストレスになっていることを一つ一つ丁寧に取り除き、体の構造に即した「行動パターン」を身につけ、「意識づけ」をするだけの話です。

・鞄の中を整理する
・服や靴の選び方を変える
・時間の使い方を少しだけ工夫する
・寝る前の習慣を変える
・想定外の問題が起こったら、次の予定をあきらめる
・飲み会の誘いにはすぐに答えず、一日考える

など、一つ一つは今すぐに実践できることばかりです。

大事なのは、そのちょっとした意識や行動を積み重ねること。そうやって常にちょっとだけ意識して、よいコンディションをつくっておくことが大事なのです。

もし、あなたが「今の自分の実力」を100％（あるいは100％に近い状態で）発揮することができるようになれば、仕事のクオリティーは確実に変わります。

それだけで周囲に差をつけることができます。

必要なのは「実力アップ」ではなく、「実力を出し切る方法」を知ることです。

ぜひ、あなたの中に眠っている力を呼び起こし、能力を十分に発揮してください。

それだけでも、あなたの人生は変わるはずです。

2015年6月

小林弘幸

目次

第1章

まず、モノを片づけて、心を安定させる
――身の回りの整え方

第2章

一日ごとの体の変化を意識する
——時間の整え方

第3章

無理したつき合いは断つ
――人間関係の整え方

第4章

体のスイッチを意識する
——体の整え方

第5章

今夜の振り返りが、明日の成功をつくる
——行動パターンの整え方

第6章

ストレスには正しく対処する ――メンタルの整え方

第7章

自分のタイプを知る
――自分らしさの整え方

本文デザイン：松好那名（mat's work）
編集協力：イイダテツヤ

自律神経とは何か?

本書では「自律神経」「交感神経」「副交感神経」などの言葉を当たり前のように使っていますが、本編に入る前にきちんと説明しておきたいと思います。

そもそも、人間には自分の意思で動かせる部分と、そうでない部分があります。

手足や口などは自分の意思で動かせますが、内蔵、血管などは自分の意思で動かすことができません。この「自分では動かすことのできない部分」を司っているのが自律神経。その名の通り「自律的」(自動的)

に生命を維持し、体の状態を整える働きをしています。

そして、自律神経には「交感神経」と「副交感神経」の2つがあります。

交感神経とは「体を活動的にするための神経」で、車で言えばアクセルのようなものです。

一方、副交感神経とは「体を落ち着かせ、休めるための神経」です。車のブレーキのようなもので、睡眠のときや、食事の後で栄養を吸収するときなど、体が落ち着かなければならないときに、優位になるものです。

本書で何度も述べている「自律神経を整える」というのは、ごく簡単にいえば、交感神経、副交感神経がともに高い状態にするということ。

何かしらの活動をするためには交感神経が高くなければなりませんし、冷静で、落ち着いた思考力、集中力を発揮するためには副交感神経も高くなければなりません。

また、一日の中でも「交感神経優位」「副交感神経優位」の時間帯があって、朝起きてから日中にかけては交感神経が優位で、夜寝る時間に向かって少しずつ副交感神経が優位になり、スムーズに睡眠に入っていくというカラクリになっています。

体のコンディションを整えるという意味では、「今、自分の自律神経はどういう状態になっているかな?」と意識をするだけでも大きな価値があります。

それでは、いよいよ内容に入っていきます。

第1章

まず、
モノを片づけて、
心を安定させる

身の回りの整え方

No.
01

鞄の中を探した瞬間に、あなたは乱れている！

モノを取り出すために、鞄の中を探し回る。

じつは、そんな些細《ささい》なことで私たちの自律神経は乱れ、仕事への集中力は大きく下がってしまいます。

携帯電話が鳴って、取り出そうとしたのにすぐに見つからない。持ってきたはずの資料が見つからず「もしかして、忘れたのか！」と焦る。仕事で使うＵＳＢメモリーを鞄に入れたはずなのに、どこにも見当たらない。

そんなちょっとした瞬間に、交感神経は跳ね上がり、血流は悪くなり、集中力は下がり、結果として仕事のパフォーマンスは著しく低下します。

駅のホームなどで、必死の形相で鞄の中をあさっている人がいるでしょう。何かを忘れたか、なくしたのでしょうが、仮にお目当ての品が見つかったとしても、一度でも気持ちが焦り、自律神経が乱れた状態になってしまったら、その後の仕事のクオリティーはどうしたって下がります。

医学的に見て、人間の体とはそういうふうになっているのです。

だからこそ、常にコンディションを整えることが重要で、その第一歩が鞄の中を整理するということなのです。

必要なものと、必要でないものは分ける。必要でないものは鞄から出す。鞄の中は、ポーチなどを使って、どこに、何を入れておくのかを明確にしておく。

そんな単純なことから始めてください。

携帯電話、iPad、充電器、ケーブル、必要な書類、手帳、文房具、薬、財布など、必要なものだけが入っていて、それがすぐに取り出せる状態になっている。

これこそ、コンディションを整える上での基本中の基本です。

むずかしいことは何もないので、今すぐ実践してください。

No. 02

鞄に徹底的にこだわる

鞄の中を整理する話に関連して、そもそもあなたは「使いやすい鞄を使っているのか」というのもじつに大事なポイントです。

鞄の形、大きさ、深さ、ポケットの位置や数など、あなたにとってベストな鞄を選ぶことからコンディショニングづくりは始まっています。

その大前提として、あなたは**「自分にとって使いやすい鞄とはどういうものか」**をきちんと把握していますか。

そんな大事な部分を曖昧にしたまま、ただ「安いから」「デザインがいいから」「なんとなく、前から使っているから」という理由で鞄を持ち歩いてはいませんか。

それではコンディショニングはうまくいきません。

自分にとってベストな鞄、すなわち、あらゆる場面を想定した際、もっとも動きがスムーズで、ストレスのかからない鞄とはどういうものなのか、そこをしっかりと考えた上で、鞄を選び直してみてください。

別にハイブランドのものを買う必要はありません。**「こういう理由で選んだベストの鞄です」**という、あなたなりの明確な意識があればそれで十分。

そうやってはっきりとした意識を持って、ペンケース、メガネケース、携帯カバー、財布などを次々と選んでいくと、あなたの持ち物はどんどん最適化されていきます。「黒い鞄の中で黒い財布は探しにくいから、黄色にしよう」という感じで、つまらないストレスを受けないよう、持ち物を次々と最適化していくと、日常のすべてがスムーズかつストレスフリーになっていきます。

持ち物が最適化され、あらゆる場面での動きが快適になれば、確実に自律神経は整います。結果として、仕事への集中力やモチベーションが上がることは間違いありません。

No.
03

ほしい情報は「ひと目でわかる状態」にしておく

「あの人に連絡しよう」と思ったのに、以前もらった名刺がなかなか見つからず、連絡先がわからない。「あの仕事のデータファイルはどこに保存したんだっけ……」とパソコン上で必要なファイルを開けない。

何度同じことを繰り返しているのか、そんな場面に日々遭遇している人も多いと思います。

じつは、私たちは「ほしい情報を探すため」に多大な時間を無駄にしています。

それだけでも十分もったいないのですが、その探している時間に、焦ったり、イライラしたり、不安になることで自律神経は乱れ放題になっています。

ぜひとも覚えておいてほしいのですが、**自律神経というものは一度崩れると3〜**

4時間は戻りません。つまり、一度イライラしてしまったら、その後の3時間はコンディションが崩れっぱなし。血流が悪くなり、脳に十分な酸素とブドウ糖が送られないので、感情のコントロールは利かなくなり、集中力は低下し、判断力も悪くなります。

そんな最悪の状態にしないためにも、**「ほしい情報はひと目でわかる」「すぐに取り出せる」**という状態を日ごろからつくっておくことが肝心です。

とりあえず、すぐに始めておきたいのは名刺の整理。人の名前、会社名、連絡先、どんな用事で関わった人なのかを一覧表にしておくととても便利です。

私の場合、本の出版をするためにいろんな関係者と会うのですが、その情報を整理していなかったばっかりに、「連絡先が見つからない……」「この企画の担当者は……」「どこの出版社の人だっけ？」などと思い悩むことがけっこうありました。

しかし、今では情報を一元管理しているので、とてもスムーズに連絡することができますし、企画内容と担当者と出版社が完璧にリンクされているので、ストレスなくミーティングに入っていけます。

本当にちょっとしたことですが、とても大きな差が出る部分です。

No. 04

「片づける場所」を決める

モノを片づけるにしろ、情報を整理するにしろ、大事なのはオートマチックであるということ。

そして、オートマチックとはどういうことかと言うと、結局のところ**「場所が決まっている」「そのルールに従う」**というだけの話です。

たとえば、あなたは自宅で携帯電話を置く場所を決めていますか。

おそらく決まっていない人がほとんどだと思います。場所が決まっていないと、いつも違う場所に置くことになり、必要なときにすぐに見つからないのです。財布であれ、カギであれ、仕事の書類、送られてきた請求書や手紙、各種コード類、文房具にいたるまですべて同じ。

まずは「場所を決める」という作業を徹底することからスタートです。

ただし、資料や書類に関しては、全部を一緒にまとめてしまうとほしいときにほしい情報が取り出せないのでストレスが増えるだけ。

ファイルやトレイをうまく使って、自分なりの「最適ルール」を探し続けることが大切です。緊急度や重要度で分けるのもよし、企画ごとに分類するのもいいでしょう。あるいは、時系列で分ける方法でも構いません。

大事なのは「片づけ・分類のルールが決まっていること」と「そのルールを常に見直す意識を持つこと」です。

「この分類方法では不便だな……」「この資料はどこに入れればいいんだろう……」と少しでもストレスを感じたら、そこでいったん立ち止まり、ルールを見直し、よりベストな方法を試してみてください。

本当に仕事ができる人というのは、この「整理・分類のトライ&エラー」を繰り返し、自分なりのベストなルールを持っているものです。

No. 05

モノを探すときは制限時間を決めてから

ほしいモノや情報はすぐに取り出せるようにしておく。

これはコンディションを整える上での基本です。

しかし、実際には「アレはどこにいったっけ?」と何かを探さなければならない場面は訪れるでしょう。

ここでぜひとも実践してほしいのはまず**「探す時間を決める」**ということです。

まず「ほしいモノがない」という状況になった時点で自律神経は乱れています。それだけ冷静さを失い、気持ちが舞い上がっているということです。

そんな状態で何かを探そうとしても効果的ではありません。

たかが「探し物」とはいえ、コンディションを整えて、ベストな状態で臨むほうがいいに決まっています。

そこで「この10分間は探し物をする」「10分で見つからなかったら、そのときには代替案を考える」とはっきり決めてからスタートするのです。

そうやってデッドライン（落としどころ）が決まると、自律神経は整い始めるので、落ち着いて、集中して探すことができます。

「見つからなかったら、そのときに代替案を考える」ということまで決めておけば、「もし見つからなかったらどうしよう……」とその後のことをあれこれ考え、不安になることも一時的には防げます。

じつは、人間というのは何かに集中しようと思っても、「もし〇〇だったら、どうしよう……」「次にこんなことが起こったら……」と先のことを考えすぎるあまり、目の前のタスクに集中できないということがよくあります。

こうなると、目の前のタスクのクオリティーも下がってしまうため、仕事に取りかかる前に、デッドラインや落としどころを決めて集中できる状況をつくるというのも、じつは大事なひと手間なのです。

No. 06

窮屈《きゅうくつ》な服や靴は選ばない

服や靴で体が締めつけられている状態というのは、私たちが想像している以上に、自律神経を乱す要因となっています。

最近は若い人を中心に細身のパンツやスーツが流行していますが、無理にそうした服を着るのは、仕事の効率を落とす原因となります。もともと細身で、スリムなスーツを無理なく着られる人は構いませんが、**窮屈な思いをしながら細身の服、靴を身につけていると、それだけで交感神経が上がり、確実にコンディションを崩します。**

医者の立場からすれば、ネクタイも首を締めつけていることにほかならないので、しないほうがパフォーマンスは高まります。

とはいえ、ノーネクタイが許される業界、会社は限られているでしょうから、そこはちょっとした工夫をすることをオススメします。

たとえば、**通勤時はネクタイをせず、ワイシャツの一番上のボタンも外してストレスフリーな状態にします。**そして会社でネクタイを締める。そのために何本かのネクタイを会社のロッカーに常備しておくのはとてもいい習慣です。

昼食時や外部の人に会わずに済むときには、せめてネクタイをゆるめて、少しでもストレスを軽減するようにすると、さらにコンディションは整います。

もちろん「細身のスーツを着て、ビシッとネクタイを締めることで気持ちが引き締まる」「モチベーションが上がる」という人もいるので、それ自体はまったく否定しません。そういう人たちはこれまで通りのやり方をすればいいと思います。

ただし、「今日はイマイチ集中力が上がってこないな……」「どうも疲れが抜けなくて……」などコンディションが乱れ気味のときには、いったんはストレスフリーの状態をつくり、体をリセットすることも必要です。

No. 07

シャツは「白一択」

私は何年も前から**「基本的にはワイシャツは白しか着ない」**と決めています。

これも持ち物を最適化する一環なのですが、とりあえずワイシャツは白、スーツは黒と決めておくと、服選びが本当に楽で、ストレスがありません。

もちろん特別な場合には白以外のシャツを着ることもあるのですが、日常的には、何も考えることなく、オートマチックに白いシャツと黒いスーツを着用するようにしています。

これは必ずしも「白いシャツと黒いスーツにしなさい」ということではなく、人によっては「服を選ぶ」ということ自体がストレスになり、コンディションを崩していることがあるということです。

「オシャレな色、柄のシャツやスーツを着たい」という人は構いませんが、「毎朝、服を選ぶのが面倒」「買いに行っても、何を選べばいいのかわからない」という人は、私と同じように「白いシャツと黒いスーツ」と決めておくのがオススメです。

白いシャツと黒いスーツなら、どんなネクタイでも合いますし、どんな席に呼ばれてもとりあえず格好はつきます。

なぜ、私が「シャツやスーツの色を決めているか」といえば、じつは**「考えるべき問題」と「考えることなく、オートマチックにしておく部分」というのをはっきり区別しているからです。**

仕事をはじめとして重要な事柄については、しっかり、じっくり考えますが、私にとって「服選び」というのはさほど重要な事柄ではありません。

そういった「考える必要のないこと」については徹底的にルール化し、ストレスを軽減するように心がけているのです。「考えるべき事柄」に100%のエネルギーを注ぐためにも、案外重要な心がけです。

No.
08

天気の悪い日は明るい色のネクタイ

シャツとスーツの話をしたので、ネクタイについても述べておきます。

ネクタイについては、さすがに毎日同じものをするわけにはいきません。すると、どうしても「ネクタイ選び」という問題が浮上します。

そこで一つオススメしたいのが**「天気の悪い日ほど明るい色のネクタイを選ぶ」**というやり方。

じつは、色が自律神経に多大な影響を与えることは、実験でも証明されています。明るい色は交感神経を高め、やる気をアップさせてくれる効果があり、反対に暗い色は副交感神経を高めて、気持ちを落ち着かせてくれる効果があります。

そもそも雨の日というのは、副交感神経が高く、交感神経が低くなりがちです。

野生の動物を見れば一目瞭然ですが、雨になると多くの動物が木の下や洞窟などでゆったりと休んでいるでしょう。それは体の構造自体がそうなるようにプログラムされているからです。

その構造は人間も同じ。雨の日は交感神経が下がり、副交感神経が上がって「休息モード」になるのです。

しかし、われわれ人間は「雨が降ったから仕事は休みます」なんてことは言えないので、**意図的に交感神経を高めて「やる気のスイッチ」を入れる必要があります。**

そんな狙いを込めて、雨の日には意図的に明るいネクタイを選んでほしいのです。

雨の日はもちろん、どんよりと曇っている日には、どんな人でも「なんとなくやる気が出ないなあ」「会社に行きたくないなあ」と思うものです。体の構造からいって、それが当たり前だからです。

そんなとき落ち込んだ気分のまま仕事を始めるのではなく、意識的に交感神経を高めるというのも、コンディションを整える上で重要なアプローチです。

No. 09

服を捨てると集中力が増す

身の回りの整え方で大事なのは、いらないモノはどんどん捨てるということです。一番は洋服ですね。

クローゼットを開けてみて「これは着るかな……着ないかなあ……」と迷うものは、とりあえずどんどん捨ててしまうことをオススメします。

よく「人生は選択の連続」という言い方をするでしょう。たしかにそれは事実です。しかし、自律神経の専門家の立場からすれば、**「何かを選ぶ」という作業はストレス以外の何ものでもありません。**「選ばなきゃいけない」という状況こそが自律神経を乱し、コンディションを悪くする要因なのです。

とはいえ、人生は選択の連続ですから、重要な選択を下さなければならない（ストレスのかかる）場面はいくらでも訪れます。

だから、せめてクローゼットを開けたときくらいは、スッキリとストレスフリーな状態をつくっておいたほうがいいに決まっています。

人間のコンディションというのはおもしろいもので、調子がいいときは、多少散らかっていようが、いらない服やモノが散乱していようが、さほど気にならないものです。

しかし調子が悪いときほど、クローゼットを開けて、いらない服が散乱していると、それだけでイライラしたり、一気にやる気を失ったりするものなのです。

だから、「明日は重要な会議がある」「苦手な相手との打ち合わせがある」「大勢の人の前でプレゼンをしなければならない」など、**気が重い予定があるときほど、自分の周囲を片づけて、余計なストレスを受ける可能性を排除しておく必要があるのです。**

そのための日々の習慣としても、いらないモノはどんどん捨ててしまったほうがいいでしょう。

No. 10

現金は早めに継ぎ足す

あらゆる物事のリスク回避の基本と言えば、実際に問題が起こる前に、その事態を想定して対処しておく、というものです。

それに医者の視点を一つ加えるなら、「もしかして、こんな問題が起こるかな……」と不安を感じる前に、対処しておくことをオススメします。

もっともわかりやすいのが車の給油。

車を運転する人なら誰もが「もしかして、ガソリンが足りなくなるかも……」と感じた経験があるはずです。

医者の立場から言えば、そう感じた時点ですでにアウト。

「ガス欠になるかも……」という不安が生まれた瞬間に、自律神経は乱れ、運転に集中できなくなり、事故を起こすリスクが高まっているからです。

だから、私は給油メーターが残り四分の一を切ったら、迷うことなく給油します。

それとまったく同じ感覚で、財布の中身が「○万円以下になったら、必ず継ぎ足す」というルールも決めています。飲み会へ行って「お金が足りなかったらどうしよう……」「帰りが遅くなって、タクシー代が足りなくなったらどうしよう……」なんて不安な思いをして、無駄なストレスを感じたくないからです。

周りの人たちを注意深く観察してみるとわかるのですが、本当に仕事ができる人は「お金が足りなくなったから、ちょっと貸して」とか「今、現金を下ろしてくるから待ってて」なんてことは絶対に言いません。

それは何も高給を稼いでいるということではなく、常に余裕を持って準備をしているだけの話。気づかない人はまったく気にもとめませんが、そんな部分にも、じつは大きな差が生まれているのです。

どのタイミングで、いくらお金を継ぎ足すか。一度見直してみてください。

No. 11

財布の整理を一日一回

身の回りの整理として、一日一回財布の中身を整理するのも意外にオススメの方法です。

以前『稼ぐ人はなぜ長財布を使うのか?』という本が話題になりましたが、医学的な見地から見ても、稼ぐ人が長財布を使うのは十分にうなずけます。

別に「長財布のほうがたくさんお札が入る」という理由ではなく、**長財布のほうがあきらかに整理しやすい**からです。

お金を稼ぐ人たち、あるいはその道を究める人たちというのは、意識的にせよ、無意識的にせよ、自分の行動や習慣を最適化することが得意です。

たとえば、彼らはお店で支払いをしようとした際、「お札や小銭がスムーズに見つからずに苦労した」「財布の中に入っているカード類の使い勝手が悪い」というようなストレスに出合った際、その問題を放置せず、**「どうしたら、よりスムーズになるか」「最適化できるか」**を考え、改善し続けているのです。

そうやって考えていくと、整理しやすい長財布を使うようになるのも当然だと私は考えます。

長財布を使うかどうかは別にしても、せめて財布の中身を最適化するために、一日一回は財布を整理してみるといいと思います。

不要なレシートを取り出し、お金の向きをそろえる。金額をチェックして、継ぎ足す必要がないかを確認する。必要なカードが入っていて、不要なカードが入っていないか、それぞれのカードの位置は現状がベストなのかを検証する。

そんなちょっとした整理をするだけで、あなたの生活のあり方が変わります。

生活のあり方が変わるというのは、すなわち自律神経の整い方が変わるということであり、それだけあなたのコンディションが整うということです。

No. 12

「帰る前の片づけ」を儀式にする

この章では「身の回りを整える方法」をいろいろとお伝えしてきました。

そんな「片づけ」「整理」「最適化」という作業を、職場から帰る前に毎日やる。それを習慣にしてしまうのです。

いわばそれは、一日の仕事の終わりを表す儀式のようなもの。**机の回り、鞄や財布の中身を整理しながら、少しずつ体を「オンモード」から「オフモード」へ切り替えていくのです。**落ち着いた気持ちで周囲の整理をしていれば、自然と交感神経が下がり、副交感神経が高まってきます。

この習慣だけでもコンディションを整える効果は十分にあります。

翌日の朝、会社に来た瞬間に、自分のデスク回りが整っていると、余計なストレスを受けず、スムーズに仕事に入っていけます。

何度も述べますが、心も体も調子のいいときは多少回りが散らかっていても気になることなく、集中して仕事をすることができるでしょう。

しかし、「朝起きてみたら、なんとなくダルい」「朝食のとき、家族とちょっとしたケンカをした」「通勤時の満員電車でイヤなことがあった」など、わずかでもコンディションを乱している状態で出社したら、デスク回りが散らかっていることが想像以上のストレスになります。そうなると自律神経はさらに乱れ、その日の仕事のクオリティーは確実に落ちます。

日々のコンディショニングというのは、そんな些細な出来事の積み重ねです。

心身ともに調子がいいときは、そもそもコンディショニングの意識など不要です。

調子が悪いときにこそ、いかにその悪い状態に流されることなく、自律神経を上手に整え、いつもと変わらぬ力を発揮できるか。

そこにコンディショニングの差が出るのです。

第 **2** 章

一日ごとの体の変化を意識する

時間の整え方

No.13

午前中の「勝負の時間」を無駄にしない！

コンディションを整えるのと同様に、**「コンディションに合わせた時間の使い方をする」**というのも、非常に大事な意識です。

そもそも、人間には「集中力が高まる時間」「ものを考えるのに適した時間」というものがあります。

それは午前中。

多くの人が9時から10時くらいに出社すると思いますが、それから昼食までの時間がもっとも集中力が高く、ものを考えたり、創造的な作業をするのに向いている時間です。

そうした、いわば「勝負の時間」にメールチェックをしたり、重要度の低い会議やミーティングをするのは、はっきり言って時間の無駄です。

仕事の質を高め、効率を上げたいと思うなら、やはり**「体の状態」と「仕事内容」のマッチングを見直すべき**です。

どうしても朝イチでメールチェックをしなければならない場合は、とりあえずすべてのメールをざっと見て、即座に返信・対応しなければならないものだけに絞って対応し、そのほかのメールは午後に回したほうがいいでしょう。

また、本書で後にも述べますが、せっかくの「勝負の時間」に、「さあ、これから何をしようか……」と考え始めるのも、じつにもったいない時間の使い方。

「何をするか」という部分は最低でも前日に考えておいて、「勝負の時間」が始まったら、すぐに作業を開始できる状態にしておかなければなりません。

つまり、「勝負の時間に何をするか」という部分まではオートマチックで脳を使わなくていい状態にしておいて、実際の作業に入ったら完璧に集中して、脳の力を100%発揮するというわけです。

No. 14

昼食後の2時間は捨ててかまわない

午前中の「勝負の時間」とは真逆で、昼食後の2時間というのは、ほとんど仕事がはかどらないノンファンクションな時間帯だと思ってください。

そもそも動物は食事をしたらゴロンと横になって休むのが自然の姿。食べたものを消化するための時間なのですから、当然体はその作業に集中しようとするわけです。

そんな体の構造に逆らって「効率よく仕事をしよう」「集中力を高めよう」なんてやっても無駄です。

この時間、一番大事なのは、あきらめること。「どうせノンファンクションな時間なんだ」とあきらめてよいのです。

「集中して仕事をしたいのに、はかどらない……」「もっと効率よくやりたいのに、眠くなってしまう……」と考えるほうがかえってストレスになり、自律神経を乱してしまいます。

そんな無駄なストレスを感じるくらいなら、いっそのことあきらめて、とにかくルーティンワーク。この時間を利用してメールをチェックし、返信するというのも一つの方法です。

あるいは、この時間をうまく利用したいなら、人と会うのも一案です。

人間は、人と会って話していると、それだけで交感神経が高まり、体に活動のスイッチが入ってきます。最初はなんとなくやる気がなかったけれど、人と会って話しているうちに集中力が増してきた、なんて経験は誰にでもあるはずです。

自律神経の構造から言って、じつに当たり前の反応なのです。

そんな体の構造をうまく利用して、人と会うスケジュールを意図的に午後1時〜3時くらいにセッティングする。自分の都合でスケジュールを決められる人には特にオススメの方法です。

No. 15

「終了間際」の集中力を利用する

サッカーやラグビーの試合を見ていると、終了間際にあきらかに集中力が高まって、より攻撃的になることがよくあるでしょう。肉体的にも精神的にも疲れているはずなのに、「もうすぐ終わる」という状況になると、人間はさらにもう一段ギアが上がり、集中力が高まります。

この「終了間際の集中力」を仕事に活用するのも、とてもいい方法です。

終業時間の一時間前になったら、「あと一時間で、これだけの仕事をしよう！」と気持ちを入れ直してラストスパートをするのです。場合によっては、朝の「勝負の時間」より高い集中力で仕事ができるケースもあります。

一番よくないのが、残業が当たり前になっていて時間的なデッドラインがない状態。

「締め切りのない原稿は完成しない」とよくいわれますが、**自分の能力を100%発揮するには、自分自身に上手にストレス、プレッシャーをかけることも必要なのです。**

過度なストレスはもちろんよくありませんが、「残業すればいいや……」「みんなやってるし……」という弛緩《しかん》しきった環境や精神状態では、疲労感が増すばかりで、仕事のクオリティーは下がります。

体の構造を熟知した上で、もっとも成果の上がりやすい時間管理をするとしたら、まずは朝の「勝負の時間」を無駄にしないということ。続けて、昼食後の2時間はノンファンクションの時間帯なので、ルーティンワークか人と会う予定を入れ、あまり効果を期待しない。そして終了間際の一時間には、もう一度ギアを入れ直し、「これだけのことを終わらせるぞ！」とはっきり決めてから取りかかる。

それが終わったら、最後にデスク回りを片づけて、一日の仕事を終える。

こうした意識で一日を過ごすだけでも、あなたの仕事のクオリティーは格段に違ってくるはずです。

No. 16

「内容で区切る仕事」と「時間で区切る仕事」を分ける

前の項目では「時間的なデッドラインを設けることが大事」という話をしました。

それは紛れもない事実ですが、仕事には**「内容で区切るべきもの」**と**「時間で区切るべきもの」**という2種類があることも忘れてはいけません。

あなたにも「何よりもクオリティーを大事にしなければならない仕事」というものがあるでしょう。たとえば、私なら原稿や論文を書く場合、あまり時間に追われていると、どうしても仕上がりが雑になってしまいます。

この手の「内容で区切るべき仕事」を、終了間際の一時間で「絶対に、あと10ページ書き上げるぞ！」なんてふうにやると、全体のクオリティーが下がってしまいます。

このように**「内容で区切るべき仕事」は、変に時間で区切ろうとせず、朝の「勝**

負の時間」をたっぷり使ってやったほうが目指すゴールに近づきやすいわけです。

一方で、資料の整理、書面チェックなどの作業は、「集中力はそれなりに必要だけど、それほどクオリティーを考えなくてもいい仕事」といえるのではないでしょうか。

この種の仕事は終了間際の一時間にはピッタリです。

私も日常的に終了間際の一時間に「時間で区切るべき仕事」をするのですが、周りの音が一切聞こえなくなるほど高い集中力で、想像以上にはかどることがけっこうあります。

反対に、書類整理、チェックのような作業を昼食後のノンファンクションの時間にやると、ダラダラするばかりで、まったく進まず、さらにミスも多くなるという最悪の結果になります。

ぜひとも一度、あなたの仕事全般を振り返り、それが「内容で区切るべきもの」なのか、「時間で区切るべきもの」なのかを明確に区別してみてください。

時間管理の概念が変わります。

No. 17

雨の日は設定時間を短くする

時間管理をする上で、時間を細かく区切るというのは基本中の基本。

午前中を一つのまとまりとして捉えるのではなく、2つか3つのブロックに分け、その中で「何をするかを決める」という考え方が必要です。

そもそも人間の集中力は約90分しか続きません。どんなに調子がいいときでも、90分ぶっ続けで仕事をすれば、集中力は落ち、効率は確実に下がってきます。

つまり、60~90分の間に必ず休憩を取り、コンディションを整え直してから続きの作業をするほうが、効果的なのです。

時間をブロックに区切っていない人は、今すぐ取り入れることをオススメします。

ここでもう一つ言いたいのは、**雨の日にはさらに時間設定を短くする**ということです。

私はプロ野球の球団にトレーニングのアドバイザーとして入っていますが、雨の日には設定時間を短くして、「45分なら、45分集中してトレーニングをする」というアドバイスをしています。

すでに述べた通り、雨の日は体のスイッチが入りにくく、集中力も散漫になりがちです。そんな体のコンディションのときに、いつもと同じような時間設定で動いていると、効率が下がるのはもちろん、スポーツ選手の場合はケガのリスクも高まります。

そこで、雨の日はあえて時間を短くして「この時間内だけ集中しよう！」という、意識づけをする必要があるのです。

自分の能力を100％発揮したいと思うなら、ビジネスマンでも**天候やコンディションに応じて設定時間を変えるべきです。**雨の日、疲れが抜けない日、イヤなことがあって集中力が落ちている日などは、「短い時間集中して、こまめに休憩を入れる」というリズムに変えることで、うまく乗り切ることができます。

No. 18

食事中にできる「集中力トレーニング」

時間管理の話とは少し離れるかもしれませんが、ここで一つ「集中力のトレーニング法」をお伝えしておきます。

そもそも、集中力が乱れているとは、「目の前の事柄以外を考えてしまっている」という状態です。

つまり、その反対に**「常に目の前のことだけを考える」**という習慣づけをすることで、集中力は高まってきます。

たとえば、食事のとき箸でニンジンを挟んで食べるとします。そのときに心の中で**「今、ニンジンを食べている」**と意識するのです。ご飯を食べるときも、鶏肉を食べるときも、水を飲むときも、歯磨きをするときでも、みんな同じです。

いつでも、丁寧に「今、〇〇をしている」ということを心の中で意識し、その行動に集中するのです。

じつはこれは外科医のトレーニングでもあって、外科医というのは目の前にある状況、手先で行なっている行為に集中しなければ、思わぬミスにつながりますし、そのミスは取り返しがつきません。

だからこそ、いろいろと考えるべき要素、誘惑が降りかかってきても、目の前の物事に集中するスキルを日ごろから身につけておかなければならないのです。

普段「自分は集中力がないなあ」と感じている人は、ひと言で言えば、余計なことを考える習慣がついている、ということなのです。

しかし、人間にとって「何も考えない」「心を無にする」というのはとてもむずかしいことなので、まずは日常生活で**「今、行なっている動作を意識する」**ということから始めてみてください。

その習慣を続けているだけで、集中力は身についてきます。

No.
19

金曜の夜に「来週必要なモノ」を揃えておく

より高いパフォーマンスを発揮するために一番大事なことは何かと問われれば、私は迷うことなく「準備」だと答えます。

たとえば優秀な外科医ほど入念な準備をしています。NHKの『プロフェッショナル 仕事の流儀』にも出演していた世界的な小児外科医・山高篤行先生も「準備が9割」「手術が始まる前に、すでに結果は決まっている」と話していました。

裏を返せば、「その場しのぎ」というのは、結果としてもっとも自律神経を乱し、仕事のクオリティーを落とすやり方なのです。

そこでオススメしたいのが、**金曜日の夜のうちに来週一週間のことを（ざっくりとでもいいので）シミュレーションして、必要なものを揃えておく**ということです。

「火曜日に会議がある」というなら、そのための資料は整っているか。発表をするとしたら、そのための内容はまとまっているか。練習はしてあるか。

「木曜日に大事な人と会う」という予定があるなら、その際に持っていくべきものは何か、どんな内容・情報を頭に叩き込んでおくべきか、どんな話をすれば、相手は喜んでくれるか、などを考え、あらかじめ準備しておくのです。

私自身のケースで言うなら、私はいわゆる医者としての業務だけでなく、スポーツ選手のメンテナンスやアドバイスなど、さまざまな種類の仕事があります。それらの仕事をスムーズかつ高いクオリティーでこなそうと思ったら、金曜日の時点で「来週の流れ」をシミュレーションし、「必要な準備」をしておくことが不可欠です。

「手術が始まる前に結果は決まっている」というのと同様、**金曜日の夜の時点で、来週一週間の成否は決まっている**のです。

No.20

締め切りは一カ月前に設定する

私はこれまで何百本という論文、依頼原稿を書いてきましたが、締め切りに遅れたことはありません。さすがにこれは自慢していいと思います。

なぜ締め切りに遅れないのかといえば、じつに単純な話で、本当の締め切りよりも一カ月前に**「自分なりの締め切り」**を設定しているからです。

ただし、誤解しないでください。

この「一カ月前に締め切りを設定する」というのは、何も「遅れないこと」が目的ではありません。むしろ、仕事のクオリティーを担保するための方策なのです。

集中力が落ちれば、当然仕事のクオリティーは下がります。

そしてすでに述べたように、集中力を落とす原因は、「目の前の作業以外に、考えなければならないことがある」という状況。

もうおわかりでしょう。

「締め切りが迫っている」という状況そのものが、集中力を低下させ、仕事のクオリティーを落としてしまうのです。

原則として、仕事のクオリティーというのは「それにかけた時間の量」に比例するものです。ただし、それは「追い立てられた時間」ではなく**「余裕を持って、いいコンディションで向き合えた時間」**の量という意味です。

一カ月前に仕上がっていれば、そこから本当の締め切りまでに何度も見直し、ブラッシュアップする時間（つまりは余裕を持って向き合える時間）が取れます。

人によって仕事の種類は違うでしょうから、一カ月というのはあくまで目安ですが、一週間でも二週間でも早めに締め切りを設定して「いいコンディションでそのタスクに向き合える時間」を確保するのは、とても大事な時間管理の意識です。

それが実践できれば、確実に仕事の成果、周囲の評価は変わってきます。

No. 21

アクシデントが起こったら、「次の予定」をあきらめる

どんな仕事をしている人にも予定外のアクシデントは起こります。すぐに対処しなければならない緊急の用事が飛び込んでくるのです。

そして緊急の用事というのは、忙しいときにこそ入ってくるものです。

さて、その際に最初にやるべきことは何か。

それは間違いなく**「次の予定をあきらめる」**ということです。

そもそも、緊急の用事というのは「すぐにやらなければいけない」ということがすでに決まっています。後回しにできる程度の用事なら、後でやればいいだけの話。

そうした、緊急性が高く、重要な仕事には、ベストなコンディションで臨まなければなりません。

そんな大事な局面で、集中力を乱し、ミスを誘発するのが「次の予定は大丈夫かな……」「何時に出れば間に合うかな……」と考えることです。

目の前のタスクに集中するためにも、最初にやるのは「次の予定をあきらめ、必要があれば先方にキャンセルの連絡を入れる」ということです。

たとえば、医師にとって緊急の用事と言えば、急患です。

急患が運ばれてきたらすぐに対処しなければならないということは、それだけ切迫した状況だということです。

そんな事態が起こった瞬間、私は次の予定をあきらめ、すぐにキャンセルの連絡を入れます。「次の予定は間に合うかな……」「キャンセルしたほうがいいかな……」と迷っている時間はそもそもありませんし、そんな散漫な精神状態で仕事を始めたら、取り返しのつかないミスを犯すかもしれないからです。

自分の体の状態を整え、100％の力を発揮するためにも、スッパリと次の予定をあきらめる。 緊急時に求められる意識です。

No. 22

大問題ほど小さく考え、些細なことほど大きく考える

自律神経を整え、自身のコンディションを常に良好に保つ秘訣は、「大問題ほど小さく考え、些細なことほど大きく考える」ことだと私は思っています。

もちろん、誰にだって大問題は降りかかってきます。

「自分のミスで何千万円もの損失が出るかもしれない……」「大事なクライアントを怒らせてしまった」「この稟議《りんぎ》が下りないと、プロジェクト全体が終わってしまう……」など、さまざまな大問題があなたの身にも降りかかってくるでしょう。

そんな大問題が起こったときほど、明晰《めいせき》な頭脳と冷静な判断力が必要なのは言うまでもありません。だからこそ、何よりも先に体のコンディションを整えなければならないのです。**深呼吸をして、水を一杯飲み、無理にでもいいから笑顔をつくり、「さ**

あ、困りましたねえ……」とのん気な声で言う。そんな態度が必要です。

大問題が起こったとき、ジタバタしたり、誰かを怒鳴ってみたり、過剰に深刻な表情をしている人は、はっきり言って問題に対するアプローチが間違っています。

そんなことをしても体のコンディションは整わず（それどころか自律神経は乱れる一方で）的確な判断などできるわけがないからです。

その反対の「必要な書類がすぐに見つからない」「何も考えずに無駄な飲み会に参加してしまった」など、日常的に起こる些細なミスに関しては、軽く考えて放置してはいけません。

日々の小さなミスを放置し、ないがしろにする人は、結局は自身のコンディション崩し、能力をフルに発揮できなくなってしまうからです。**「日常的に自分の能力が発揮できていない」なんて状況は、むしろ見逃すことできない大問題です。**

大問題ほど小さく考え、些細なことほど大きく考える。

ぜひ覚えておいてください。

No. 23

移動時間にも習慣をつくる

わずかな移動時間でも有効に活用する。これは時間活用の王道でしょう。

最近は、電車に乗ると8割以上の人が携帯電話・スマホを操作しているか、ゲームをしているかのどちらです。ただ私はスマホを操作したり、ゲームをしていること自体が悪いとは思っていません。

大事なのは、それを「計画的にやっているか」という点。

もし、あなたが「この30分の移動時間は、夜にやれないゲームをしっかりやるんだ！」という思いを持ってゲームに没頭しているなら、これほど有効な時間の使い方はありません。意識を持ってやっているなら、ツイッター、フェイスブックに投稿するのもいいでしょうし、ネットニュースを読むのだって構いません。

一番よくないのは「ただ、なんとなくケータイをいじっている」という状況です。時間を上手に活用したいと思うのなら、「移動時間に何をするか」を決めて行動することです。

私の場合、移動時間は主に「勉強の時間」と決めています。本や論文を読んだり、場合によっては自分の原稿をチェックしたりしています。**「移動時間にやること」が決まっていると、おのずと持ち物が決まり、前日から準備をすることができますし、電車やタクシーに乗った瞬間から時間を無駄なく活用できます。**

誤解のないように言っておきますが、何も私は「一分一秒を無駄にせず、すべての時間に予定を詰め込め！」と言いたいのではありません。「移動時間は寝る」とか「ぼお～っと景色を眺める」というのだって一向に構わないのです。ただ、それをなんとなくやるのと意識してやるのとでは、大きな違いが出てくるということ。休むときは「休む」と決めてやる。遊ぶときは「遊ぶ」と決めてやる。じつはそれが大事なのです。

No. 24

休日を充実させるコツは「ゆるやか」な計画性

休日の過ごし方はまさに人それぞれです。

平日滅茶苦茶忙しく働いているのに、休日になっても、喜んでマラソン大会に参加したり、スキーやスノーボードに出かける人もいます。

そうかと思えば、休みの日は昼まで寝ていて、一日中ダラダラ過ごすという人も少なくありません。どちらがよくて、どちらが悪いということはありません。

ただし一日中ダラダラ過ごす人の場合、一つだけ注意してほしいのは、**「ああ、今日も一日無駄に過ごしてしまった……」と後悔しないようにすること**です。

自律神経のバランスを崩し、コンディションを乱す要因として考えるなら、「ダラダラ過ごすこと」自体よりも、「ダラダラ過ごしたことに後悔し、イヤな気分になること」のほうが問題です。

そうやってイヤな気分で一日を終えると、それだけで睡眠の質が下がり、翌日の朝のコンディションも悪くなります。そうやって体の状態が悪いまま、翌週の仕事がスタートするという悪循環が始まってしまうのです。

特にダラダラ派の人は、**たとえ休日であっても「ゆるやかな計画性」を持つことが大事です。**「明日は昼まで寝ていよう」「でも、夕方には散歩がてら買い物へ行こう」とか、「せめて夕食だけは自分でつくってちゃんと食べよう」など、ちょっとした計画で構いません。

言ってみれば、**「ダラダラする一日」の計画を立てる**のです。

すると、同じようにダラダラ過ごしたとしても、後悔どころか、達成感すら覚えます。「予定通りのダラダラした一日」を終えるのと、イヤな気分で眠りにつくのとでは睡眠の質も変わり、翌朝のコンディションもまるっきり違ってきます。

No. 25

「仕事」と「休み」をあえて区別しない

コンディションを整える上で、適度に休むことは絶対に必要です。

ただし医者の立場からすると、週休二日が必要かといえば、必ずしもそうとは言い切れません。

たとえば、私の場合は「完全なるオフ」という日をつくってしまうと、かえってペースが乱れ、オフ明けにうまく仕事モードに入っていけないのです。

そんな自分のタイプを理解してからは、完璧に休みという日はほとんどつくらず、休日でも一度は病院や研究室を訪れ、患者さんの様子を見たり、必要な書類のチェックをするなど、1～2時間は仕事をするようにしています。

すると、「先生は、まったく休まないんですか！」と驚かれる人もいますが、そのほうが自分のペースに合っていて、良好なコンディションをキープしやすいのです。

ここで大事なのは**「自分にとってベストな休み方とは、どういうものか？」「コンディションを整える上で、仕事と休みのバランスをどう取るべきか？」**をしっかり考え、自分なりのベストバランスをつかんでおくことです。

忙しすぎるのはたしかによくありません。

自律神経を乱し、結果として仕事のクオリティーを下げるでしょう。

しかし、だからといって**「休みの日を増やす」「休日出勤をやめる」ということだけが正解ではありません。**

会社によってそれぞれ事情はあるでしょうが、「週に2日は早めに帰る日をつくる」とか、「午後の予定をゆるやかにしてジムへ行く」「外回りをしつつ、カフェで休む時間を設ける」など、可能な範囲で工夫をしながら、自分のとってベストな「仕事と休みのバランス」を模索してみてください。自分なりのペースをつかむと、同じ仕事量をこなしていても、あきらかに疲れやストレスの感じ方が変わってきます。

第 3 章

無理したつき合いは断つ

人間関係の整え方

No. 26

目的が言えない飲み会には参加しない

どんな人にも「ああ、なんでこの飲み会に参加しちゃったんだろう」「こんな食事会なら参加しなければよかった」という後悔が一度や二度はあるでしょう。

無駄な飲み会に参加して、ただでさえストレスを感じているのに、おまけに飲みすぎて、さらにコンディションを崩すということも決してめずらしくありません。

この場合、何より大事なのは**「いったい自分は何のためにこの飲み会に参加するのか？」「何を目的にして、食事会に出席するのか？」を考え、決めておくこと**です。

たとえば、職場のメンバーに飲み会に誘われて、いつもは行かないのに「断ってばかりではナンだなあ」と思って参加するなんてケースがあるでしょう。

この場合、あなたは「職場のみんなとの人間関係を良好にするために、たまには飲み会に行くという姿勢を示す」というのが一番の目的。いわば「つき合いが悪いヤツと思われないため」に行くのです。

そんな目的意識をはっきり持っているのと、「今回くらいは参加したほうがいいか……」という曖昧な状態で参加するのとでは、受けるストレスがまるで違ってきます。

仮にその飲み会がどうしようもなくつまらなかったとしても、もともとの目的は「つき合いが悪いヤツだと思われないようにする」ということ。それなら飲み会が楽しかろうがつまらなかろうが、何の問題もありません。**あなたは自分の目的を十分に達成しているのです。**

そうやって晴れやかな気持ちで家路につけばいいのです。

人づきあいというのは面倒ですし、ストレスのもとになるものです。職場の飲み会、取引先との食事会、各種会合など「面倒な集まり」はたしかにたくさんあるでしょう。

だからこそ、「目的がはっきりしているなら参加するし、特に目的が見つからないなら断る」という明確な線引きが必要なのです。

No.
27
「参加・不参加」の返事は一日経ってから

パーティや飲み会の誘いを受けて、一度は「参加します」という返事をしたのに、その日程が近づくと「ああ、面倒だなあ……」と思う。

きっと誰にでも経験があると思います。

そんな憂鬱《ゆううつ》な飲み会がある日は、朝から「イヤだなあ……」「ドタキャンしちゃおうかな……」「いや、それはマズイかあ〜」なんてことをつらつらと考えてしまうもの。

はっきり言って、その日のコンディションは最悪です。集中力は下がっているし、何をするにもモチベーションが上がりません。

ここで一番の問題は「その飲み会に参加する」という返事をしたものの、その覚悟がしっかりできていない点です。

すでに述べた通り、飲み会というのは「目的がはっきりしているなら参加」「そうでないなら不参加」ですから、一度「参加する」と決めたということは「相応の目的がある」ということにほかなりません。

それなのにウジウジ迷うというのは、「決め方」に問題があるのです。

オススメは、返事を一日経ってからすること。私はパーティ、飲み会、食事会などの誘いを受けた際、絶対に即答はせず最低一日は考えるようにしています。

その場の勢い、そのときの気分で返事をすると、たいてい後で後悔しますし、結果としてキャンセルをして相手に迷惑をかけてしまうこともあるからです。

どんな誘いにせよ「これは本当に行くべきかな？」「行くことに、どんな意味や目的があるのかな？」とじっくり考えてから参加・不参加を決める。すると、その決断自体に納得感と自信が生まれます。

意味や目的をきちんと考えた上で行った決断というのは、後々ブレることもありません。

No. 28

人の評価は口にしない

ストレスの9割は人間関係にあります。

さらに、ストレスを抱えると体のコンディションはどんどん悪くなりますから、コンディショニングという側面から見ても人間関係の改善は不可欠です。

そこで一つオススメしたいのが、**「人の評価は口にしない」**ということ。

人の悪口を言うことで日頃の鬱憤を晴らす人もけっこういますが、長い目で見れば、そういう人のほうがより多くのストレスを抱え、自らのコンディションを崩しているように感じます。

数年前から、私は誰かの話題がのぼったときは「よく知らないんですよ……」「いや、あまりよくわかりませんね……」と言うように決めています。

この「決めておく」というのが大事なポイント。

その人のことをよく思っていなければ、どうしたって悪口になってしまうし、無理に褒めようとすれば、それ自体がストレスになります。

以前は、できるだけ人のことは褒めようと思っていたのですが、私も聖人君子ではありませんから、「この人はダメだよなあ」「好きになれないなあ」という相手を無理に褒めるのはストレスになるわけです（もちろん、心から「すばらしい」と思っている人のことは褒めます）。

といって、気に入らない相手の悪口を言っていると、その場は気持ちがいいのですが、後々面倒なことになったり、「なんだか言いすぎちゃったなあ」とイヤな気分になることも多い、どちらにしてもストレスを抱えてしまうのです。

だから、私は**「知らない」「わからない」というスタンスで、人の評価は口にしない**と決めたのです。

これは私の経験上、自律神経を整える最高の対応です。

No.29

SNSは「自律神経を乱すツール」

最近はツイッターやフェイスブックなど、いわゆるSNSを日常的に利用している人も多いでしょう。気軽に人とつながり、友人の近況を知ることができるという意味では便利なコミュニケーションツールです。

しかし、**SNSにアップされている知人・友人の情報を見て、自律神経を乱している人が多い**というのも見逃せない事実。

そもそもあの種のツールには、「私ってこんなにスゴイでしょ」「こんなに素敵な経験をしているのよ」「こんな有名な人と一緒にいます」とアピールして、自己顕示欲を満たすという目的があります。

本人はそれで満足なのでしょうが、それを見た人たちは、なんとなくイヤな気分になったり、変に焦りを覚えたり、「自分の日常は充実していないんじゃないか……」と落ち込んだり、ねたんだりすることも、じつはかなり多いはずです。

もちろん私はツイッターやフェイスブックを完全に否定するわけではありません。ただ医学的な見地から見ると、あれらは往々にして「自律神経を乱すツール」だと認識しています。

何かを発信したり、純粋なコミュニケーションツールとして楽しんでいる分には何の問題も感じませんが、**「他人の動向」が気になるあまり、自分の自律神経を乱し、コンディションを崩すようなら、SNSとの距離感を考え直す必要があります。**

SNSをやっている時点で一定以上の時間を使っているわけですし、その上、コンディションを崩し、パフォーマンスを落としているとしたら、こんなにもったいない話はありません。

つまらないところで自分のコンディションを崩すより、自分をベストな状態にして目の前の仕事に邁進《まい》するほうが、よほど価値ある「つながり」を持つことができます。

No. 30

我慢しなければならない人脈は断ち切る

ビジネスには人脈が大事。

これはたしかに一つの真実です。ビジネスに限らず、昨今は「どれだけの人脈を持っているか」「どんなコミュニティに属しているか」「どのくらい人を集められるか」といった部分がその人の価値を決めているような、そんな傾向すら感じます。

ただし、その一方で**「人脈づくり」「ネットワークの構築」に重きを置きすぎて、それが大きなストレスになっている人も少なくありません。**

人間関係を見直すという意味でも、ぜひとも自問してほしいことがあります。

それは「ストレスを抱え、自らのコンディションを崩してまで、大事にすべき人脈ですか？」という問い。

私の経験から言っても、「我慢してまでつなぎ止めようとする人」「ストレスを抱えてまで、持ち続けようとするネットワーク」というのは、本当の意味で自分のためにはなりません。

それらの相手、ネットワークというのは、あなたのコンディションを崩し、パフォーマンスを落とす対象にほかならないからです。そんな相手があなたの人生をよりよくしてくれるなんて、普通に考えればあり得ません。

もちろん、さまざまな事情があって「バッサリ切ることができない」「簡単につき合いをやめられない」ということはあるでしょうが、せめて、あなたの意識の中では**「この人とは、本当につき合っていくべきなのか」「このコミュニティやネットワークは自分にとって本当に必要なのか」という線引きをするべき**です。

世の中には、無意味で、無価値な関係を広げることで「自分のステージが上がった」と思い込んでいる人もけっこういますが、大事なのは人脈の広さやネットワークの大きさではなく、本当の意味で「あなたを高めてくれる存在」ではないでしょうか。

No. 31

「認められない」なら「あきらめる」

上司に認められたいけど、認められない。

そんな状況に悩み、苦しんでいる人も多いでしょう。**この状況において、最初にやるべきは「あきらめる」ことです。**

「上司に認められない」という状況をバネにして、よりがんばれる人はもちろんそれで構いません。

しかし、「認められたいけど、認められない」と悩んでいる人は「それをバネにがんばる！」なんてステージはすでに終わり、やる気を喪失しているケースが多いはず。

自律神経的に言えば、交感神経、副交感神経がともにダウンし、体の中からエネルギーがわき起こってこない状況です。

そんなときに必要なのは「上司に認められないなら、それでいいや」とあきらめること。「認められたいけど、認められない」という精神状態こそがストレスの原因だからです。

はっきり言って、「認められよう」なんて発想は捨て、自身のコンディションを整えること、淡々と仕事をすることに意識を切り替えたほうが、パフォーマンスは高まります。

ただし、ここでのポイントは**「すべてをあきらめるのではなく、部分的にあきらめる」**ということ。

「この分野で認められないなら、他の分野でがんばろう」「この人に認められないなら、別の人に認められよう」など、一方をあきらめて、他方に意識を向けるということが重要です。

誰だって、他人の評価は気になるところですが、「自分を評価してくれない人や分野」に固執すると、あなたの自律神経は乱れ、パフォーマンスは落ち、結果として自身の評価をも落とすこととなってしまうのです。

No. 32

人と会うときは相手の「バックボーン」を考える

日々仕事をしていると、どうしたって「イマイチ調子が悪い」「機嫌が悪い」「やる気が出ない」という日があります。

そういう日をなくすためにコンディションを整えるわけですが、そうはいっても人間は完璧ではないので不調な日というのはあります。

多少気分が悪くても、自分一人で仕事をしているうちはまだいいのですが、誰かと会うとなると「今日は不調なんで……」なんて言い訳は通用しません。

そんなとき、私が意識しているのは**「相手のバックボーンを考える」**ということです。たとえば、私のところへ診察に来てくれる患者さん、取材に来てくれる出版社の人たちなどは、暑い中（あるいは寒い中）わざわざ電車に乗って、時間を割いて来てくれています。私の講演を聴きに来てくれる人は、そのために予定を調整し、会場に足を運んでくれているわけです。

そんなふうに「相手のバックボーン」を考えていくと、自然と「調子が悪いなんて、甘えたことを言ってる場合じゃない」「前の仕事でちょっとくらいイヤなことがあったからって、それを引きずっていたら相手に失礼だな」という気持ちになってきます。

本当にちょっとしたことですが、「相手のバックボーンを考える」というのはすごく効果があります。**相手のことを考え始めた瞬間から、自律神経が整い、冷静な判断力と思考力がよみがえってくるからです。**

考えてみれば、このスタンスこそが「誠実に人と向き合う」ということであり、人間関係の基本ではないでしょうか。

注意して観察してみると、一流と呼ばれる人ほど常に情緒が安定し、コンディションが一定で、いつもにこやかに人と向き合うことができています。

それだけ人に対して誠実でいるということです。

No. 33

人間関係の極意は「周りの人たちに気持ちよく働いてもらう」

組織やグループの中でもっとも迷惑な存在といえば「周りをイヤな気持ちにさせて、やる気を失わせる人」ではないでしょうか。あなたの職場にもそんな人がいるかもしれませんし、それが直属の上司だったら本当に最悪です。

逆に言うと、組織やグループの中でもっとも求められるのは「周りをいい気持ちにさせ、やる気を起こさせる人」。組織の中で（いい意味での）存在感を示したいなら、あなた自身が「そんな存在」になればいいのです。

実際、私もさまざまな人と連携しながら日々仕事をしています。プロスポーツの現場に行けば、選手はもちろん監督、コーチ、トレーナー、球団関係者、スポンサー企業の方々などいろんな立場の人がいますし、医療の現場にも、患者、家族、看護スタッフ、各専門の医師たち、それをサポートする人たちなど、多くの人と関わります。

正直言って、時にはイライラすることもありますし、「なんて失礼な態度なんだ！」と腹立たしく感じることもあります。

しかし、そんなときこそ**「いかにして周りの人たちに気持ちよく働いてもらうか」**を強く意識するのです。

誰かが失礼な態度を取ったとき、もし私が怒鳴ったり、不機嫌になったら、どうでしょうか。その私の態度に他の誰かが気を使い、結果としてチーム全体のパフォーマンスは下がってしまいます。

自律神経の乱れが周りの人に影響し、全体効率を落とすことは、実験でも明らかになっています。**あなた自身がどのように自律神経を整えるかによって、周りの人たちのコンディションをも大きく変えてしまうのです。**

若い人、立場が下の人ももちろんですが、上司、リーダー、マネジャーと呼ばれる人たちには絶対に必要な意識です。

No. 34

恋愛にはコンディションを崩す危険性がある

自律神経の専門家として言わせてもらえば、恋愛は、良しきにせよ悪しきにせよ自律神経を乱します。

講演や雑誌の取材などでもよく言うのですが、**そもそも恋愛ほど自律神経を乱し、コンディションを崩すものはない**からです。

こんなことを言うと、「恋愛をすることで、仕事へのモチベーションがアップすることもあります！」「いい恋愛だってあるはずだ！」「お互いを高め合えるカップルだってたくさんいます」などの反論があります。たしかに一時的には、コンディション管理、モチベーションアップに恋愛が役立ちます。

しかし、「恋愛をしている人」と「していない人」を総合的に比較したら、前者のほうがストレス過多で、コンディションを崩す危険があることは間違いありません。

自律神経を乱す最大の要因を一つ挙げるとすれば、それは「不安」。

そして、**人間というのは「はっきりしないもの」「不確定なもの」「自分がコントロールできないもの」などに触れると不安を感じるようにできています。**

彼氏・彼女との関係がうまくいっていないときはそれだけでストレスでしょうし、仮に関係に問題がなかったとしても、メールをした際、ちょっとでも返信が遅れていると「どうしたのかな……」「何かあったのかな……」と気になります。

その時点で「はっきりしない」「不確定」「自分ではコントロール不能」という不安要素のオンパレードです。

自分ではそれほど意識していなくても、自律神経は乱れ、集中力はあきらかに低下しているのです。

本書を読んでいる人に「恋愛がすべてではない」と言いたいわけではありませんが、「恋愛がいかに自律神経を乱す危険性があるか」という部分については少なくとも理解しておいてください。

No. 35

夫婦にとって大事なのは「本当の家族」になれているかどうか

恋愛の話をしたので、夫婦関係についても触れておきましょう。

そもそも人間関係の問題はストレスを受ける最大要因なので、夫婦間のコミュニケーションで自律神経を乱し、コンディションを崩すケースはたくさんあります。

ただし夫婦の関係性が、いい意味で、親子や兄弟のように「本当の家族」となれているとしたら、自律神経を乱すより、安定させる効果が得られることも多いでしょう。

家に帰って、奥さんや旦那さんの顔を見て落ち着く、気が休まるという人は、あきらかに夫婦という関係がコンディション維持に貢献しています。

その一方で、夫婦間がギスギスしていて「何かというと言い争いになる」「一緒にいるだけで息が詰まる」なんて関係だとしたら、それが自律神経を乱していることは間違いありません。

一つ気をつけてほしいのは、「夫婦の関係がラブラブで、一緒にいるとワクワクする」「楽しい気持ちになる」という状況です。

夫婦仲がいいのに何が問題なのかと思われるかもしれませんが、**夫婦仲があまりに良いと、家に帰った後の時間でも交感神経が高すぎて、いわゆる「休息モード」に入っていけません。**

すると睡眠の質も下がり、翌朝からのコンディションも悪くなりがちです。

気持ちは高ぶっているので、自覚症状はあまりないかもしれませんが、そんな生活が続くと、だんだんと疲れやすくなり、「日中には、なんとなくぼんやりしてしまう」なんて症状が出てくる可能性があります。

自律神経を整え、いいコンディションを維持するという意味では、「気を使わずに、落ち着ける関係」を目指すことがやはり一番大事なのです。

第4章

体のスイッチを意識する

体の整え方

No. 36

「心・技・体」のうち最初に整えるべきは「体」

仕事でもスポーツでも、「心・技・体」の三つが揃うことは大事です。

しかし、その中で最初に整えなければいけないのは、何といっても「体」です。

体の状態が悪ければ、心がいくら整っていてもいいパフォーマンスをすることはできませんし、いくら技術があったとしてもそれを100%発揮することができないからです。

やはりすべてのベースとなるのは体のコンディションです。

ところがじつに残念なことに、体のコンディションづくりを軽視している人が本当に多い。さすがに、高熱が出ているとか、お腹が痛くて仕方がないなどあきらかな病気を放置する人はいませんが、自分の能力を100%発揮するための「体のコンディションづくり」を意識している人はごくわずかです。

ここではっきりと認識しておいてほしいのは、「病気ではない状態」と「自分の能力を100%発揮できる体の状態」とは大きな差があるということ。

「病気でない」というのはあくまでも大前提の話であって、その上でコンディションを整えなければ、本当の意味で自分の力を十分に発揮することはできません。

せめて、本書を読んでいるあなたには「体のコンディションづくり」を強く意識してほしいと思います。

体というのは正直なので、正しいつき合い方を知りさえすれば、それだけ状態をよくすることができます。「イマイチ調子が悪いなあ」「疲れが抜けないな」「集中力が上がらない」「どうもやる気が出ない」「イライラして仕方がない」など、いわゆるコンディション不良のときには、必ず体の状態に何かしらの問題があります。

逆に言えば、体を正しくメンテナンスする方法を知れば、これらの問題は解消、あるいは軽減できるということです。

No.37

一杯の水が体調を取り戻す

今日は朝からなんとなく疲れていて、やる気が起きない。

体のスイッチが入らない感じがして、どうしてもダラダラしてしまう。

誰にでもそんな日がときどきはあると思います。そんな日が5日も一週間も続くようなら何らかの疾患がある可能性があるのですぐに病院へ行くべきですが、1日、2日なら日常的に起こり得ることです。

体のしくみで言うと、交感神経がうまく上がってこないため、体がどうしても「体息モード」から「活動モード」に入っていかない状況です。

そんなときには軽い運動をするのが一番ですが、「疲れて、ダルい状態」のときに体を動かそうなんて気にはなかなかなれないでしょう。

そこでまずやってほしいのは、一杯の水を飲むこと。

体全体の状態を司っている自律神経というのは、腸の働きと密接につながっています。そして、腸というのはちょっとした刺激にも反応しやすい臓器なので、そこを動かすことが肝心。

そこで一杯の水を飲むわけです。水を飲むことで腸が反応し、自律神経の動きがよくなり、体にスイッチが入ってきます。

朝起きたときはもちろん、仕事中で「集中力が落ちてきたな」「なんだかダルいなあ」と感じたときは、いったん席を離れて、水を飲むようにしてください。

その際、ただ水を飲むのではなく、体全体に水分が行き渡るようなイメージをしつつ、意識して水を飲むことが大事です。

「そんな、意識するだけで違いがあるの？」と懐疑的な人もいるでしょうが、自律神経というのはそのくらいちょっとしたことで変化するものなのです。

No.
38

調子が戻らないときは尿の色をチェック

前の項目で「とりあえず水を飲む」という方法をお伝えしましたが、お酒を飲んだ翌日は特に脱水になりやすく、体が水分を求めています。

ちょっとでもダルいな、体が重いなと感じたときは、まずは尿の出方と色をチェックしてください。

体が脱水状態のとき、尿はほとんど出ません。そもそも体に水分が不足しているのですから、さらに水分を排出しようとはしないのです。

体がダルい日、なかなか調子が戻らないときには、「今日って、尿の回数は大丈夫かな？」と思い返してみてください。おそらく尿の回数が減っているはずです。

そして、トイレへ行って尿をしたときには、必ず色をチェックします。

体調が悪く、脱水気味のときには濃い色の尿が出ます。濃い黄色だったり、どす黒くなっている状態です。

そんなときには、とにかくたくさん水を飲んでください。

水を飲んでは、トイレへ行って尿を排出する。それを意識的に繰り返していれば、だんだんと尿の色は薄くなり、最後はほとんど透明の尿が出ます。

その状態になれば、かなり体の不調は治まっているはず。

ついでに言うと、お酒を飲んでいるとき、すでに脱水は始まっているのでお酒と同じ量の水を飲むことをオススメします。

自分の許容量以上のお酒を飲むと気持ち悪くなりますが、その要因の一つは脱水です。脱水によって血圧が下がり、胃腸の働きも悪くなっているので、胃酸が必要以上に多く出て、気持ち悪くなるのです。

お酒を飲むとき、体調がすぐれないときには、意識的にたくさん水を飲む。簡単なことなので、ぜひ覚えておいてください。

No.
39

気分が乗ってこないときほど手足を動かす

会社に来て「さあ、仕事をしよう」と思っても、なかなか気分が乗ってこない。そんな日があるでしょう。

こんな場合、たいていの人は「やる気を出そう」とか「気持ちを切り替えよう」などメンタルの部分で何とかしようとするものですが、医者の立場から言えば、それはまるで科学的ではありません。

気分が乗らないとき、集中力が散漫になっているときに一番大事なのは、「動くこと」。本当は散歩にでも行くのが一番いいのですが、さすがに就業時間に散歩へ行くわけにはいかないでしょう。

そこでオススメなのが、何でもいいので手を動かす作業すること。

「パソコン上の数字をチェックする」なんて仕事ではなく、紙の資料を揃える、封入作業をする、本棚や引き出しを整理するなど、手を動かす（体を動かす）作業なら何でも構いません。

私の場合、調子がイマイチで気分が乗ってこないときには、「片づけ」しかしていないと言っても過言ではありません。

雑誌や書籍を揃えたり、放置していた領収書を整理したり、不要な書類・手紙を捨てて、必要なものをファイリングしたり、何も考えず、黙々と片づけ作業をしています。

だから私のデスク回りは、調子が悪いときほど整然としています。

じつはこれが大事な点で、調子がいいときは多少周囲が散らかっていても集中力は落ちませんが、気分がイマイチなときというのは、そんなちょっとしたことが気になって、すぐに「ああ～やる気が出ない！」という気持ちになります。

そんな際には思い切って仕事をやめて、片づけ作業に入ってしまえばいいのです。

結果として、そのほうがコンディションが整い、後の仕事への集中力も高まります。

No. 40

座っている時間が長い人ほど早く死ぬ

アメリカの癌協会が発表したデータによると、一日に6時間以上座って過ごす人と、3時間未満の人を比べると、より長く座っているグループは男性で17%、女性で37%死亡のリスクが高まることがわかっています。

これはまさに自律神経にも該当することで、長時間座り続けていると、それだけで血流は悪くなり、脳をはじめとする体全体に十分な栄養素が行き渡らなくなります。その結果、集中力が落ち、ぼお~っとしてくるわけです。

「長生きするため」というのももちろんですが、自らのコンディションを整え、常に高いパフォーマンスを発揮するためにも、小まめに動くということはとても重要。

一時間に一度席を立って休憩する。理想を言えば、少しだけ外に出て、空を見上

げて簡単なストレッチをする。その際、しっかり深呼吸をして、水を一杯飲めば、自律神経のリセットとしては完璧です。

そうやって常に体のコンディションを整える意識を持っていれば、確実に仕事のクオリティーは上がります。

いちいち外に出て休憩することはできないという人は、さまざまな作業をする際に、小まめに立ち上がり、動くことを習慣にしてください。

一番よくないのが、自分で動かず、何でも人にやってもらう人。

資料をプリントアウトした場合には、プリンターの近くの人に持ってきてもらい、必要なものがあったら「〇〇さん、アレ持ってきて」と人に言ってしまう人。一日のうち、席を立つのは昼食時とトイレのときだけなんていうのは、まさに最悪です。

立場が上になってくるとこんなタイプも増えてきますが、それでは自身のコンディションを崩し、パフォーマンスは下がる一方だということをしっかりと理解するべきです。おまけに早死にするのですから、いいことは一つもありません。

No.
41
温度差に敏感になる

自律神経というのは温度差に非常に弱いものです。温かいところから急に寒いところへ出たり、その逆のケースなど、激しい温度差があるとすぐに自律神経は乱れます。

たとえば、夏の暑い日にクーラーのガンガンにきいた室内に入ったとします。入った瞬間は気持ちいいのですが、じつは自律神経は乱れ、体のコンディションは悪くなっています。

そういうときには、汗が引いて体が冷え始める前に長袖のシャツを一枚羽織るなど温度差に対するケアが必要です。

あるいは冬場、「近くの定食屋へ昼食を食べに行こう」「すぐそこのコンビニにちょっと買い物を……」なんていう場合に、コートを着ていない人をけっこう見かけます。薄いスーツ姿で、背中を丸め「寒い、寒い」とブルブル震えながら、足早に移動しているのです。

たしかに、外にいる時間はわずかなので、「ちょっとくらい我慢すればいいや」と思っているのでしょうが、これが意外な落とし穴。

外にいるのは3～4分でも、一度乱れた自律神経は3～4時間は戻りません。

昼食時に一度自律神経を乱してしまったら、その日の午後はほぼコンディションを崩した状態のまま仕事をするということを忘れないでください。

コートを着たり、シャツを一枚羽織るなど、特に男性は「面倒だな」と感じることも多いでしょう。でも、そのちょっとした気遣いで体の状態はあきらかに変わってきます。

職場によって環境はさまざまでしょうが、自分でできる範囲で、体に負担がかからない工夫をすることはとても大切。「暑いな」「寒いな」と感じている時点で、コンディションは崩れ、集中力はかなり低下していると思ってください。

No. 42

通勤時に汗をかかない

前の項目の「温度差に注意する」とも深く関連しているのですが、**「通勤時に汗をかかないようにする」**というのもとても大事な意識です。

朝、多くの人が混雑した電車に乗って通勤していると思いますが、「通勤時のストレス」だけでもかなり自律神経を乱しています。わざわざコンディションを崩しながら会社へ行き、それから仕事を始めているようなものです。

とはいえ、「朝のラッシュを避けろ」と言われても困ってしまうでしょうから、せめて少しでも快適になるよう「汗をかかない工夫をすること」をオススメします。

たとえば冬の場合、外は寒いのですが、電車の中は異常に暑い。

そんなときはコートの中はTシャツ一枚で通勤するというのも一つの方法。家から最寄りの駅までと、駅から会社までの距離がそれほど長くないのであれば、試してみる価値アリです。

Tシャツ一枚は大げさだとしても、薄手のものを中に着るとか、体を締めつけないカジュアルな格好で出勤し、会社でシャツに着替え、ネクタイを締めるという方法もあります。

多少面倒ではありますが、そのちょっとした手間のおかげで、体のコンディションが整い、仕事のクオリティーが上がるなら、絶対にやるべきです。

そのほか、荷物が重すぎるというのもけっこう気になるところです。「持ち物を最適化する」という話は本書でも触れましたが、**「荷物が重い」というだけで当然体は疲労しますし、かなりのストレスがかかっています。**

弁護士や営業マンなど大量の資料を持ち歩かなければならない人も多いでしょうが、わざわざ紙を持ち歩かなくても、データ化してiPadで代用するなど、荷物を軽くする工夫もぜひしてほしいと思います。

No.
43

通勤時こそ「ゆっくり、リズミカル」に歩く

朝の通勤時、電車の乗り換えの際に猛然とダッシュする人をときどき見かけます。

「予定の電車に乗り遅れないようにするため」という理由はもちろんわかりますが、「それならなぜ5分早く家を出ないのだろう……」と思います。

こんなことを言うと、「朝は5分でも長く寝ていたいんです」「電車の乗り換えの都合上、ここで走らないと次の電車が10分以上ないんです」など、さまざまな反論が返ってくるでしょう。

たしかに、事情はわかります。

しかし、**通勤時にダッシュする（慌てる、焦る等も含む）ことで一気に自律神経を乱し、仕事に向かうコンディションを悪くしている**ことをもっと問題視してほし

いと私は思います。

会社に着いたとき、できるだけベストなコンディションで仕事を始めるには、通勤時にはゆっくり、リズミカルに歩くことが一番。

まず、ゆっくり歩くことで汗をかかずに済みますし、「ゆっくり」を意識することで呼吸も深くなり、それだけ自律神経が整います。

そして「リズミカルである」というのも、適度に副交感神経を高め、落ち着いた状態で、集中力を高めてくれる効果があります。

通勤時にいつも急いでいる人は、一本だけ早い電車に乗って「家から駅まで」「乗り換え時」「駅から会社まで」の三つの区間で、ゆっくりリズミカルに歩くことを試してみてください。

それだけで仕事を開始するときのコンディションは決定的に整います。

朝5分長く寝るのもいいですが、コンディショニングの見地からすると、このほうがはるかに高い効果が得られます。

No.
44

入浴のお湯はぬるめから、時間は15分

体の状態を整えるためにも、一日の疲れをリセットするためにも、夜にお風呂に入るのはとても大事です。それもシャワーで済ますのではなく、湯船につかるというのは不可欠です。

しかし、**多くの人が「コンディションを整えるための正しい入浴法」を知りません。**ただただ熱い風呂に入ったり、まるで我慢大会のように長く湯船につかるなど、間違った方法を実践している人も大勢います。

この機会に、ぜひとも正しい入浴法を知ってほしいと思います。

まず、お湯の温度は39～40度のややぬるめにします。そのお湯を肩から全身にかけてから、ゆっくりと湯船に入ります。

何度も述べている通り、**自律神経は温度の変化に弱いので、「ぬるめのお湯」「体を慣らしてから入る」という部分がポイントです。**

そして、最初は全身浴を5分。首には自律神経を司るセンサーがたくさんあるので、首までつかってじっくりと温めると、それだけ体の状態は整ってきます。

次に、半身浴を10分やります。よく「半身浴をやると、お風呂を出た後でも冷めにくい」という話を聞くと思いますが、それは真実で、下半身をしっかり温めることはオススメです。

ただし、あまり長く入りすぎると、せっかくリラックスした体が再び興奮して（交感神経が上がってくる）ので、**半身浴も10分で終えることが大事です。**また、半身浴は体全体が温まっている割に、全身浴のようなお風呂から出た際の「冷え」を感じることが少ないので、温度差の影響を受けずに済みます。

「5分の全身浴、10分の半身浴」という時間については、個人の好みで少なくしても問題ないので、自分の体に合う最適な時間を探してみてください。

No. 45

朝シャワーの効果は目覚めだけ

朝、シャワーを浴びるのが日課という人も多いと思います。

前の項目でも話した通り、「朝シャワーを浴びる」か「夜、湯船につかるか」という二者択一であれば、あきらかに後者を選択してほしいと思います。

そもそも、朝のシャワーにはコンディションを整えるという効果はあまり期待できないからです。

もちろん、朝のシャワーには「目覚めをよくする」という効果はあります。

もともと、人間の体は夜寝ている間は副交感神経が優位で、いわば「休息モード」に入っています。そして、朝起きると、徐々に交感神経が高まってきて「活動モード」に切り替わっていきます。ところが、疲れが抜けない、なんとなくダルいというときには、交感神経が思うように上昇せず、いつまでも「活動モード」に入っていけなくなります。ひと言で言えば「目覚めが悪い状態」です。

そんなときにシャワーを浴びて、交感神経を高め、一気にスイッチを入れることは、たしかにとても効果的です。

ただし、注意してほしい点があります。

朝のシャワーが効果的なのは、あくまでも「体調はいいんだけど、目覚めがイマイチ悪い」というときに限る、ということです。「お腹や胸のあたりにむかつきがある」「少しだけど頭痛がする」「やや寒気がする」「体の節々が痛い」など、いわゆる不調の症状が感じられるときは、シャワーはNG。むしろ、症状を悪化させてしまいます。

冬場にはシャワーを浴びた後に風邪をひくリスクも高いので、「朝のシャワーを習慣にしている」という人は、その効果と注意点を十分に理解した上で、うまく取り入れてください。

No. 46

一日を逆算して食べる

体のコンディションを整えるために「暴飲暴食はしない」というのは基本中の基本。とはいえ、パーティーでコース料理を食べなければいけないとか、焼き肉に誘われていて「食べないわけにはいかない」ということもあるでしょう。

体のコンディションを整えるといっても、一流のスポーツ選手がオリンピックの競技前にするような、徹底した食事管理をする必要はありません。そもそも、そんなことは無理です。

そこで、少しだけ気を使ってほしいのが**「一日を逆算して食べる」**ということ。

「今夜は食事会へ行く」「友達と焼き肉の約束がある」というときには、ランチは少し軽めにして、夕食に備えるという意識です。

また、飲み会へ行くときには、自分の体の状態を確認しながら「今日は、お酒はこのくらいに留めておこう」と決めておくことも大事。

要するに、コンディションづくりの基本は計画性。

行き当たりばったりで、その場の流れに任せてばかりいると、どうしても食べすぎ、飲みすぎになり、翌朝に後悔するのです。

ここで大事なのは、必ず「その日に精算する」という部分。

「昨日は飲みすぎ、食べすぎたから、翌日の朝食は抜こう」というのは意味が違います。それは、ただ気持ち悪くて、食欲がないだけです。

「食べすぎた翌日に調整する」というのも、しないよりはしたほうがいいのですが、大事なのは「その一日で調整できるよう、逆算して食べる」という意識です。

若いうちはある程度無理をしても特に問題ありませんが、30代、40代になってきたら自律神経はより乱れやすくなってくるので、食事にも少しずつ気を配っていきたいところです。

No. 47

週一日は睡眠の日をつくる

コンディションを整える上で睡眠はとても大事です。

睡眠の質が悪かったり、そもそも寝不足の状態では、副交感神経がしっかり高まった状態で翌朝を迎えることができません。

すでに述べたように、人間の体は眠っている間は「副交感神経優位」の休息モードに入っていて、朝起きると、徐々に「交感神経優位」になる活動モードに移っていきます。

つまり、睡眠時に副交感神経がしっかり高まっていないと、「休息モード」を経ないまま、翌朝の「活動モード」に入っていくようなものです。 当然、疲れが抜けず、ぐったりとした状態になるでしょうし、交感神経だけが異常に高まった状態で朝を迎えると、過剰にドキドキしたり、緊張したり、イライラしてしまったりするのです。

副交感神経をしっかり高めて、翌朝「副交感神経優位」から「交感神経優位」へとゆっくり、スムーズに切り替えていくためにも、睡眠がとても重要なのです。

忙しいビジネスマンは慢性的に寝不足の人も多いのですが、睡眠が十分でなければコンディションは悪くなり、仕事のパフォーマンスは絶対に落ちます。

そう考えると、睡眠も仕事のうちなのです。

7時間程度の睡眠を毎日取ることが理想ですが、毎日が無理な人は、**せめて週に1日（できれば平日）「睡眠の日」を設けてください。**

その日は残業もせず、飲みにも行かず、早く家に帰って、ゆっくりとお風呂に入り、いつまでもテレビを観たり、スマホを操作したりせず、さっさと寝る準備を整える。

そうやって「睡眠の日」を意識的につくることで、体の状態は確実にリセットされます。悪い流れをリセットして、いい流れをスタートさせるというのも、コンディショニングにおいて大事なアプローチです。

第 5 章

今夜の振り返りが、明日の成功をつくる

行動パターンの整え方

No. 48

最大のポイントは「朝」ではなく「前の日の夜」にある

この章では「行動パターンを変える」と題して、さまざまな習慣、行動、意識づけを変えていくための方法を提案します。

通常、一日の始まりは「朝」だと誰もが考えます。そういう意味で「朝の習慣を変えることで、行動を変える」というのはじつに理にかなっているのですが、医師の立場から言えば、もっと大事なことがあります。

すでに述べた通り、**朝起きた時点で自律神経が乱れていれば、その状態から「何かを変える」というのは非常に困難になってしまいます。**たまたま気持ちよく起きられた朝なら「今日からこんなことをやろう!」「こんな習慣を始めよう!」とポジティブになれるかもしれませんが、朝の時点で「なんとなくダルい」「やる気が起きない」なんて状態では、行動パターンを変えるどころではありません。

つまり、日常をリセットするなら夜。それも寝る前の習慣を変えるのがベストなアプローチなのです。

というわけで、夜の習慣についてさまざまな提案をしていくのですが、まずは**「寝る前に落ち着く時間を持つ」**ということをぜひ習慣づけてほしいと思います。

ゆっくり本を読むのでもいいですし、リラックスできる音楽を聴くというのもいいでしょう。ガツガツとした活動的なものでないなら、趣味の時間に充てるというのでも構いません。そんな「落ち着いた時間」を30分くらい取るのです。

ここでのポイントはあくまでも「寝るための準備」という考え方。テレビを観たり、携帯電話をいじったり、SNSをチェックしたり、誰かと話すのではなく、一人で心穏やかな30分を過ごすことが何より大切です。

「行動を変える」と言うと、つい活動的な方向へ向かいがちですが、まずは夜、ゆったりとした時間を持つ。そんな習慣を持つことから始めてください。

No. 49

一日を振り返り、「失敗」を「成功」のパターンに上書きする

「落ち着いた時間」を30分ほど取ったら、その次は**「一日を振り返る時間」**を取ります。これは5分か10分あれば十分です。

あまり真剣、深刻に振り返るのではなく、ぼんやりとした気持ちで構わないので、「今日は、こんなところでうまくいったな」「ここは失敗しちゃったな」ということを穏やかな気持ちで思い出してください。

そして、ここが大事なポイントなのですが、**「失敗したこと」については、「こうすればよかった」「次回はこうしよう」という改善パターン、理想のパターンをリアルに思い描いてください。**

以前、私はレストランで食事をしていた際、ワインがあまりにおいしかったために、

ウエイターがすすめるままに飲みすぎ、翌日のコンディションを崩してしまったことがありました。

そんな日の夜は「あのとき3杯目のワインは断ればよかった」と失敗した場面を思い描くのですが、それと同時に、ワイングラスをそっと手で塞ぎ「もうけっこうです」とウエイターに断っている自分の姿をしっかりイメージするのです。

いわば、記憶の上書きです。

そこまでリアルに想像し、記憶を成功パターンに塗り替えておくと、次に同じような場面に遭遇した際には、自分が理想とする行動パターンを引き出しやすくなります。

じつはこれが非常に大事。

これは外科医の極意でもあって、通常外科医は手術をする前に何回も頭の中でシミュレーションするのですが、優秀な外科医ほど、終了した手術についてもしっかり振り返り「あのケースは、もっとこうすればよかった」とイメージの上書きをしておきます。行動の質を高める上で、非常に大事な習慣です。

No. 50

翌日のシミュレーションが、ロケットスタートを生む

一日を振り返り、失敗を「成功パターン」に塗り替えたら、次はいよいよ明日一日の流れをざっとシミュレーションします。

ここも、あくまでも寝る前ですから、真剣・深刻に明日のことを考えるというよりは、**明日一日の流れを頭の中に思い浮かべ、軽く想定しておく**ということがポイントになります。

会社へ着いたら、まずどんな作業・仕事をしようか。

人と会う約束があるなら、何を準備して、どんなことをポイントに話をしようか。

昼食後のノンファンクションの時間には、あそこの片づけをしよう。

夕方には少し時間ができるので、あの仕事を処理してしまおう。

このように、一日の流れがざっくりとでもイメージされていれば、確実に「明日」という日の充実度はアップします。

そして、最後に明日着る服を決めておきます。

じつにちょっとしたことですが、これが案外重要で、**前日のうちに決めておいた服を着るというのは、一日を正しく始める儀式でもあります。**「準備された、予定通りの一日が正しく始まった」という感覚を持つことができれば、自律神経は整い、その日一日のクオリティーが高まることは間違いありません。

服はおろか、私はその日に履いていく靴まで用意して、「正しく一日を始めるための準備」をとても大切にしています。

当日の朝、適当に選んで着る服と、前日から用意された服を比べると、後者はあきらかに「服そのものが喜んでいる」と私は感じます。感覚的な話ですが、そんなポジティブな感覚を持って一日をスタートすることが、とても大事なのです。

No. 51

「感謝」ほど自律神経が整うものはない

夜の習慣について、最後の最後にやってほしいのが「感謝する」ということです。寝る直前、布団やベッドの上に正座をして「今日も一日ありがとうございました。明日もよろしくお願いします」という感謝を心の中で唱えます。もちろん、遠くに住んでいる親に感謝してもいいでしょうし、友人、上司に感謝するのでも構いません。

感謝しているときというのは気持ちがとても穏やかになりますが、この状態こそ、コンディショニングにとても効果があるのです。

言うまでもなく、「感謝」というのは、人間的・道徳的にも大事なことです。

ただし、本書はコンディションを整えるための本なので、あえてその側面から話をすると、**「感謝する」というのは自律神経を整える上で最良のアプローチなのです。**

「今日も一日ありがとうございました」と心の中で唱えているとき、人は誰でも、ゆっくりとした、深い呼吸になっています。**体の中では交感神経が徐々に下がり、副交感神経が高まってきて「休息モード」「睡眠モード」にスムーズに切り替わっていきます。**

その流れのまま眠りにつくのですから、睡眠の質が高くなるのも当然です。

体のコンディションを整えるという意味でも、ぜひとも「感謝の習慣」を持つようにしてください。

最後に夜の習慣を整理しておくと、まずは「落ち着いた時間を30分程度持つ」。

次に「一日を振り返り、失敗したことは『成功パターン』に上書きしておく」。

続いては「明日一日をシミュレーションし、着る服を用意しておく」。

最後に「布団の上で正座をして、感謝する」。

すべて合わせても45~50分くらいの習慣です。これをやるのとやらないのとでは確実に翌日のクオリティーは変わりますし、これを3年、5年、10年と積み重ねていれば、あなたの人生は間違いなく価値あるものになっていきます。

No.
52

ミスは必ずその場でメモ

夜の習慣で、「失敗を成功パターンに上書きする」というものを紹介しました。

そこで大事になってくるのが、その日の失敗を覚えておくことです。

しかし、人間の記憶というのはそこまで万能ではありませんから、一日のうちミスとして覚えておけるのは、一つか二つ。それも「これはやってしまったなあ」「これは恥ずかしかった」など、インパクトの大きいミスしか覚えておけません。

すると、夜に振り返ろうとしても「あれ、なんかあったっけなあ」となかなか思い出せなくなり、そのうちに「一日を振り返る」という大事な習慣自体がなくなってしまいます。

そうならないために大事なのは、とにかくミスをその場でメモすることです。

ここで言う「ミス」とは、本当に些細なことも含みます。「取引先と打ち合わせ中に携帯電話が鳴った」というのはもちろん大きなミス。当然メモします。そのほか「支払いをしようとしたら、お金が足りなかった」「朝、電車に一本乗り遅れて、乗り換えで走らなければならなかった」「せっかく買い物に行ったのに、必要なものを一つ買い忘れた」「後輩との飲み会で、ややしゃべりすぎた」など、どんなことでもいいので、「これはちょっとミスかな」と思えることは徹底的にその場でメモします。

ちょっとしたミス（ほとんどが重大な問題まで発展せず、終わってしまえばすぐに忘れてしまうようなもの）を書き留めておくことで、一日の最後に振り返ることができます。

じつは、この「ちょっとしたミス」を「次回はこんな行動パターンに変えよう」と上書きすることで、あなたの行動のクオリティーは飛躍的に向上します。

ぜひともメモ魔になってください。

No. 53

「今回こそはうまくやる！」という感覚が大事

些細なミスを記録して、それを成功パターンに上書きする。

これをやっていると、当然「同じパターン」に再び遭遇することになります。

たとえば、「○○さんに電話しなければいけないという用事を先送りにしてしまった」という些細なミスを「すぐにその場で電話をする」という成功パターンに上書きしたとしましょう。

そして翌日同じように「△△さんに電話しなければいけない」という同じ場面に遭遇します。この瞬間こそ「行動パターン」を変える最大のチャンス。

「そうだ。これまではつい先延ばしにしていたけど、今回はすぐに電話しよう」と思って、その通りに行動する。

じつはこの「これまではダメだったけど、今回は○○する」という感覚を意識するのが最大のポイントです。 何気なく資料を机の上に置く場合でも、「これまではテキトーに机の上に置いていたけど、きちんとファイリングしてトレーに入れよう」と思い直して、その通りに行動する。「コンビニでいつもは甘い炭酸飲料を買っていたけど、今回は水を飲むようにしよう」と思い直して、その通りに行動する。「いつもは何も考えずに飲み会に参加していたけど、今日は『参加する目的』をしっかり考えてから行こう」と思い直して、その通りに行動する。

この繰り返しがとにかく大事。

「行動パターンを変える」「行動の質を高める」というのは、これの繰り返しでしかありません。**過去の失敗を引き合いに出しながら「自分で上書きした行動」を意識してやる。** ただそれだけです。

その積み重ねをきちんとするか、それとも、これまで通りの「無意識な行動」を続けてしまうか。行動の質を決めているのは、じつはそんな差でしかないのです。

No. 54

修正したいポイントをすべて書き出して点数化する

前の項目で「これまではダメだったけど、今回はうまくやる」という感覚が大事だという話をしました。たしかに、この「ちょっとした修正」を繰り返せるかどうかで、人生は大きく変わってきます。

そこでもう一つオススメなのが、とりあえず一度「自分の修正したいポイント」「改善したい意識・考え方」「変えたい行動パターン」などをすべて書き出してみることです。

簡単に言えば、自分の「イヤなところ」「ダメな部分」を棚卸しするのです。

「すぐに人の悪口を言う」「他人と比較して、ひがむ」「つい甘いものを食べてしまう」「後輩には偉そうにしゃべりすぎてしまう」「会議では気後れして、まったく発言できない」など、振り返ってみればいろいろあると思います。

まずは、その「修正したいポイント」を書き出してみてください。**そうやって「目に見える形」になれば、それだけ意識しやすくなるからです。**

あとは一日ごとに自分なりの点数をつけます。

夜寝る前、一日を振り返るときに「今日は悪口を言わなかったのはプラスだけど、昼食後に甘いカフェオレを飲んでしまったからマイナス」という感じで、5点満点で採点するのです。そして、一週間経ったら、その週の平均点を出します。

もちろん、人の行動というのはそう簡単に変わるものではありませんから、「今日は全然ダメだった」「0点だった」「0・5点しか取れなかった」という日もあるでしょう。

それでも反省と採点を続けることが大事。

たいていの人はこの習慣自体をやめてしまい、結果として行動パターンも修正できずに終わりますが、この習慣をやめることなく続けていれば、必ずあなたの行動は変わっていきます。

No. 55

次の行動をスムーズに引き出す「一個の法則」

本書では何度か「物事をオートマチックにする」という話をしています。

「さて、どうしようかな……」と考えている時点で、体はストレスを感じていますし、せっかく良好に保ったコンディションが悪い方向へ動き出します。

優秀な人であればあるほど、「考えるべきこと」はしっかり、じっくり考えますが、「考えなくてもいいこと」に関しては徹底的に排除します。

この「考えずに、オートマチックに行動する」という原理を、一番シンプルに活用するのが**「次に何をやるのかを一個だけ決めておく」**という方法です。

たとえば外出先から会社に戻る際、「戻ったら、あの人にメールを出す」と一個だけ決めておくのです。ここでのポイントは「一個だけ」というところ。三つも四つもやろうとすると、結局は覚えきれず「あれっ、何をやるんだっけなあ……」「たしか、四つあったはずなんだけど……」ということになります。

これでは、かえってストレスを増やしているだけ。

こんなことを言うと、「やるべきことをリストに書いておけばいい」という人が出てくるのですが、私の経験上、これはあまりオススメしません。

やるべきことをリストに書くと、「書くこと」自体が目的になってしまい、「リストに書いた」ということで安心してしまうのです。

その結果、リスト自体を見直さなかったり、リストの中の「やるべきこと」の一部しかできなかったりするのです。ひどい人になるとリストを見ながら、「さて、どれからやろうかな……」なんて、その時点から優先順位を考え始める人もいます。

この状況は、まったくオートマチックではありません。

次の行動をスムーズかつ的確に引き出したいなら、一個だけ決めておく。これに尽きます。**この「一個の法則」こそ、もっとも現実的な方法です。**

No. 56

帰宅したらすぐ「一個の法則」

「一個の法則」を習慣にしていると、だんだんと「やることが決まってない」という状況に違和感を覚えるようになります。

昼食から帰ってきて自分の席に着いたとき、「あれ、何も決まってない」というのが居心地悪く感じられるようになるのです。これが当たり前になったら、あなたの行動パターンはかなりバージョンアップされているといえるでしょう。

会社へ行く途中、歩いているときにも「次に何をやろうか」と大事な一個を考えるようになりますし、電車に乗っていても、タクシーで移動中でも、**すべては「次の一個」へと意識が移っていきます。**

そして、どこかに到着したら、何も考えることなく、まるで条件反射のようにその一個をやる。まさにオートマチックです。

何もこれは職場だけの話ではなく、家に帰った際も私は「一個の法則」を実践しています。「明日、印鑑が必要だ」というなら、「帰ったら、まずは鞄に印鑑を入れる」という一個を決めます。

すると、家に着いたら着替えるより前に、まず印鑑を鞄に入れます。その一個をやるために帰ってきたのですから、それをやるのは当然です。

人間の記憶というのは不思議なもので、その一個をやっていると、自然に「これも鞄に入れておこう」「この資料は必要ないから、出しておこう」など2～3個の用事も関連して思い出し、いくつかのタスクが一緒に片づきます。

ポイントは、「一個やることが決まっている」という状態を当たり前にすることです。

家に帰った際に「ああ疲れたあ……」と何もせずにいきなり休憩しているとしたら、それはおかしな状況です。そんなときに「あれ、一個の法則が実践されてない」と感じられるようになるまで、徹底して意識し続けてください。

No. 57

家に帰ってすぐ「オフモード」に入らない

仕事を終え、家に着いた瞬間、すべての荷物を放り投げて「ああ、疲れた〜」とソファにどっかりと体を横たえる。

そんな人もけっこう多いのではないでしょうか。

体の構造からいって、これはあまりいい「オフモード」の入り方ではありません。

すでに述べたように、自律神経は温度などの環境の変化に弱いもの。夏の暑い時期（あるいは冬の寒い時期）に家に帰った瞬間というのは、温度、湿度などあらゆる環境が一気に変わった瞬間といえます。

当然、その瞬間に自律神経は乱れます。交感神経が跳ね上がり、体がある種の緊張状態に入ってしまうのです。

そんな状態でソファにどっかりと横になったところで、体の状態は整いません。本人は休んでいるつもりでも、体は休息モードにうまく入っていけないのです。

そういう意味でも「一個の法則」はオススメ。

家に帰った際、何か一つ用事をこなそうとすると、そのまま体を動かし続けることになります。**その「ちょっとだけ体を動かしている」という状態がじつは大事で、その間に、体は少しずつ（家の中という）新しい環境に順応していきます。**

そうやって動きながら体を環境に馴染《なじ》ませつつ（つまりは一つだけ用事を済ませてから）、楽な格好に着替え、ソファに座る。

そうすると、体がスムーズに「オフモード」に入っていけます。

疲れて家に帰ってきて、そのままソファに倒れ込んだ際、「いつまで経っても体が回復せず、何もする気がしない……」なんてことがよくあるでしょう。

それは単に「疲れすぎている」のではなく、「オフモード」への入り方が悪いのです。疲れているときこそ、正しい「オフモード」への入り方」を実践してください。

No. 58

あらゆる行動がコンディションのチェックに役立つ

コンディショニングの基本は、「今、ちょっと調子が悪いな」「状態がよくないな」と感じたときに、すかさず体にアプローチをして、悪い流れからよい流れに変えることです。

「水を一杯飲む」「片づけをする」「リズミカルに歩く」「深呼吸をする」など、具体的な方法はいろいろあります。

むしろ、ここで大事なのは「今、自分はどんな状態にあるのか」「どんなコンディションなのか」に気づくこと。

とかく人は「自分の状態」に無頓着で、「本当にダルい……」「疲れすぎて、まったく集中力が上がらない」「なかなか体が起きてこない」という状態になってからでないと自覚することができません。

そこで私がオススメするのは、「さまざまな行動から、自分のコンディションのチェックをする」という方法です。

たとえば、朝、歯を磨いているときに、「ゆったりと余裕を持って歯磨きをしているか」、それとも「慌てて、イライラしながら歯磨きをしているか」。そんなことをチェックして、自分のコンディションのバロメーターにするのです。

このとき「ちょっと自分はイライラしているな」「何か慌てているな」と感じたら、それはコンディションを崩し始めているサイン。**そのタイミングで「水を飲む」「深呼吸をする」など改善のアプローチをするのです。**

駅まで歩くときのスピード、着替えをしているときの気分、ラッシュ時の電車で感じるストレス度合いなど、日常生活のちょっとした瞬間に「今の自分の状態」を感じ取ることができます。それらを丁寧にキャッチして、コンディションを整えながら生活するのと乱れたまま放っておくのとでは、大きな差が生まれるのも当たり前です。

No. 59

忙しいときほど「ゆっくり、丁寧に」やる

たいてい人は自律神経が乱れてくると、すべての行動が早く、雑になってきます。

たとえば、とても忙しいときに「○○さん、この書類をチェックしておいてくださ い」なんて言われたら、まず間違いなくおざなりにチェックするでしょう。

そして心の中では、「この忙しいときに、面倒な仕事持ってくんなよ！」と思って いるわけです。

当然、書く文字は乱雑になり、確認ミス、モレが出てくるはずです。

数年前の私も、どちらかと言えばイライラしやすいタイプだったので、気持ちはも のすごくわかります。

しかし、ここでぜひ覚えておいてほしいのは、**イライラして作業を急いだり、雑**

にやると、さらに自律神経は乱れ、コンディションを崩していくという事実です。

忙しいとき、慌てているときというのは、ただでさえ自律神経が乱れています。そんなとき、「コンディションを整えよう」という意識がないと、悪い流れのまま、どんどん自律神経は乱れ、仕事の効率、クオリティーを落としていきます。

考えてもみてください。

忙しいとき、急いでいるときこそ、集中力を高め、より効率よく仕事をこなしたいと思いませんか。

だからこそ、「ゆっくり、丁寧にやろう」という気持ちを持って、作業をすることが大事。「ゆっくり、丁寧にやろう」という意識を持てた瞬間から、体のコンディションは整ってきます。

とにかく、「忙しいときほど、ゆっくり、丁寧にやる」。

忙しいときにイライラして、慌てているのは三流の人のやることです。それはただ忙しさに酔っているだけです。

No. 60

仕事の重要度に差をつけない

仕事には緊急度や重要度に差をつけろ。

そんなことを教えているビジネス書もけっこう多いと思います。たしかに、やるべき仕事の順番をつける必要はあるかもしれません。「まずこれをやって、次にこれをやる」という段取りを考えるのは大切です。

ただし、仕事の重要度に差をつけるのは、根本的に違うと私は考えています。

それを外科医に例えるならば、癌《がん》の手術は重要で、虫垂炎の手術は軽んじていい仕事と区分けするようなものです。

そんなことは絶対にありません。

たとえば、私にはさまざまな種類の仕事があります。患者さんに向き合って治療をする仕事もあれば、研究、論文作成、学会関連の仕事をすることもあれば、先輩の資料の整理をしたり、お茶くみをすることだって過去にはありました。

そんな経験の中で私が強く感じたのは、**「軽んじていい仕事なんて一つもない」**ということ。人にお茶をいれるのだって「どんなお茶が好みだろう……」「おいしいお茶をいれる方法は？」「出すタイミングは、いつがベストだろう」なんてことを考えながらやっていれば、当然真剣になるし、学ぶことも多い。

「お茶くみなんて自分の仕事じゃない」「こんな仕事は無駄だ」「テキトーにやればいい」と思っている人は、結局、どんな仕事をやっても本当の意味での一流にはなれないと思います。

日々仕事をしていれば、「これは価値ある仕事だ」と感じられるものばかりではないでしょう。それは誰にとっても同じです。

しかし、そんな一見すると「重要でない仕事」に向き合ったときこそ、その人の価値がわかるというものです。

No. 61

すべての行動の前に「何のためにやるのか？」を考える

前の項目で述べた「仕事の重要度に差をつけない」ともつながるのですが、何かをする前には、必ず**「何のためにそれをやるのか？」**と考えることが大事です。

ただ「頼まれたから」という理由でお茶くみをする人と、「何のためにお茶を入れるのか」を考えている人とでは、仕事のクオリティーが変わってくるのは当然です。

あなたは「何のためにお茶をいれるのか」という目的をきちんと考えたことがあるでしょうか。

「相手を喜ばすため」「お客様にいい気持ちで打ち合わせをしてもらうため」「少しでも体を温めてもらうため」「夏の暑さから逃れ、ひんやりとした気持ちを味わってもらうため」など、お茶をいれるという仕事にもさまざまな目的があります。

そして、目的を意識すれば、仕事の仕方も変わってきます。

もちろんそれはお茶くみに限らず、資料づくりでも、会議に参加するときでも、もっと言えば飲み会に参加するときでもまったく同じです。

もし、あなたが目の前の仕事に対し「つまらない」「やる気が出ない」「こんなことをしても意味がない」と感じているとしたら、それは目的をしっかり理解していないからだと私は考えます。

私は経験上、「価値のない仕事」「無駄な仕事」は一つもないと思っています。あなたにとっては目的が見えにくいものであったとしても、誰かにとっては「何かしらの意味や意義」が必ずあるものです。

だからこそ、私はどんな仕事をする際にも「これにはどんな目的があるのだろう」とじっくり、しっかり考えるようにしています。

そうやって目的を考えることで、自身のモチベーションを高め、行動の質をも向上させてくれるからです。

No. 62

自分に合う「リフレッシュ法」を見つける

本章の最後に「リフレッシュの仕方」についても触れておきます。

まず大前提として、人間の集中力はそれほど長く続かないということを理解しておいてほしいと思います。

長くても90分経過すると、集中力は格段に落ちてきます。

その状態になる前に、早めに休憩をして、体の状態を整えることが大事です。

実際には一時間に一度は休憩することをオススメします。

具体的な休憩の仕方はいくつかありますので、自分に合うやり方（自分の職場でできる方法）を採用してくれればいいと思います。

デスクワークが中心の人は、とにかく「動くこと」が大事。

同じ姿勢で居続けると血流が悪くなり、コンディションも乱れてくるので、階段を上り下りする、トイレまで行く、簡単なストレッチをするなど、物理的に動くことを意識してください。

また、好きな音楽を聴くと副交感神経が高まり、体がリラックスするというのも実験で証明されています。目を閉じて、一曲だけ好きな曲を聴きながら休憩するのもいい方法です。曲を聴かなくても、何も考えずに目を閉じる（いわゆる瞑想《めいそう》をする）だけでも体の状態は整うので、ぜひ取り入れてみてください。

目を閉じて1～2分瞑想するだけなら、どんな職場でも可能ではないでしょうか。

ポイントは「疲れたから休む」のではなく、「体のコンディションを整えるために計画的に休む」ということ。この意識が重要です。

そして言うまでもなく、**ここでも「一個の法則」を忘れないでください。**

休憩を終えたら何をするかを一つだけきちんと決めておく。これをやっておけば「仕事→休憩→再開」という流れが非常にスムーズになります。

第 6 章

ストレスには正しく対処する

メンタルの整え方

No. 63

「怒りそうだな」と思ったら、とにかく黙る

仕事にしろ、プライベートにしろ、腹の立つことは起こります。

ただ覚えておいてほしいのは、この「怒る」という行為によって自律神経は乱れ、コンディションを大きく崩しているという事実です。自律神経が乱れると、血流が悪くなるので、脳に十分な酸素と栄養素が行き渡らなくなり、冷静な判断力を失い、さらに感情の制御が利かなくなります。

加えて、自律神経は乱れると3～4時間は回復しないので、一度怒ると、その後しばらく「悪いコンディション」のまま仕事をしなければならなくなります。

このように体のカラクリを知ってしまうと、「怒る」という行為がいかに無駄で、無益なものかがわかります。

といって「怒り」というのは、瞬間的（かつ自動的に）沸き起こってくるものなので、「怒らないようにする」というのはむずかしいでしょう。

そこで提案したいのは「ああ、今、自分は怒りそうだな」と感じたら、とにかく黙るという方法。とりあえず黙り、一度深呼吸をする。

これだけを習慣にしてみてください。

「怒り」というのは不思議なもので、「今、自分は怒りそうだ」と認識できた瞬間に50％は収まっています。そのときに「黙っていよう」と意識して、深呼吸をすれば、それ以上自律神経を乱さずに済みます。

自律神経が乱れ始める瞬間をキャッチして、それ以上乱れないように先手を打つのです。

腹が立って、どうしても相手に何かを伝えたいと感じるときには、「怒りに任せてその場で言う」のではなく、コンディションを整えてから、後で「もっとも効果的な方法で言う」という選択をしてください。これが正しいやり方です。

No. 64

イライラしたときは「日光のサル」になりきる

私はイライラしたときは「日光のサル」(三猿)を思い出すようにしています。有名な**「見ざる、聞かざる、言わざる」**です。

くだらない方法のように感じるかもしれませんが、**あの日光のサルたちは「自律神経を乱さず、コンディションを整える極意」を端的に教えてくれています。**

たとえば、電車の中で横柄な態度の人を見たり、駅員に文句を言っている人を見たとしましょう。その瞬間、多くの人が「イヤなものを見ちゃったなあ……」と気分を害すると思います。

残念ながら、その時点であなた自身の自律神経も乱れています。

そのときに「そうだ。日光のサルの精神だ」と思い出し、「イヤなものは見ない

（見ざる）」と心の中でつぶやくのです。

あるいは職場や飲み会で「他人の悪口」や「自分のイヤな評判」を耳にしてしまったときも、「聞かざる」の精神でスルーし、「言わざる」の精神で何も言いません。

当然、私にだってイヤなことを耳にして「ちょっとは言い返したい！」と感じることはあります。でも、そこで言い返したところで、余計な言い争いを生むだけで、さらに自律神経を乱す一方。

仮に相手を言い負かしたところで、「なんだか言いすぎちゃったなあ……」と後悔し、これまたコンディションを崩すだけです。

だから、私は自分への戒めも込めて、**イライラしたときは「日光のサル」を思い出し、「見ざる、聞かざる、言わざる」と心の中で唱える**のです。

自律神経の専門家から見ても、じつに効果的なコンディショニング法といえます。

No. 65

誰かに怒られたら、迷わず「階段を上り下り」

上司やお客さんに怒られた……。

仕事をしていれば、そんな場面は必ず訪れます。

そんなとき、たいていの人は自分の席に戻り、しょんぼりと落ち込んでいたり、心の中がザワザワしたまま、できるだけ何事もなかったふうを装い、仕事の続きに取りかかるでしょう。

しかし医学的に言って、それは得策ではありません。

「怒られて、落ち込んでいる」という時点で、自律神経は乱れ、体のコンディションは最悪。はっきり言って、そんな状態で仕事をしても、効率が上がるはずもなく、さらなるミスを誘発するだけです。

「イライラしているとき」「気分が乗らないとき」も同じですが、「さあ、気持ちを入れ替えて、がんばろう！」などと自分に言い聞かせ、「気持ちで何とかしよう」とするのはあまり効果がありません。

メンタルの問題を、メンタルで処理しようとしてはいけないのです。

そういうときこそ体の状態を整えることが一番。「心・技・体」で最初に整えるべきは、心ではなく体なのです。

「怒られて、落ち込んでいる」「イヤなことがあって集中できない」というときは、すぐに自分の席を離れ、階段を1、2階分上ったり、下りたりしてください。

体を動かすことで血流がよくなり、疲れない程度に階段を上り下りすると、そのリズミカルな動きによって副交感神経が高まり、自律神経のバランスはよくなります。

「ミスの後処理をどうするか」「取引先にどう謝るか」「次の仕事でどう挽回するか」など、事後対応を考えるのは体の状態が整ってからの話です。いいコンディションで考えたほうが、いい方法が見つかるに決まっています。

No. 66

苦手な相手からの電話は、いったん無視してかけ直す

携帯電話を使っていると、電話がかかってきた瞬間、出る前に相手が誰だかわかるでしょう。

相手の名前が出た瞬間に「イヤだな……」「苦手だな……」「面倒だな……」と感じる場合には、とりあえず出ないで、折り返すほうが得策です。

考えてもみてください。携帯電話の画面に苦手な相手の名前が映し出された瞬間、あなたの自律神経は乱れ、コンディションは崩れています。

そんな最悪の状態で、苦手な相手とコミュニケーションを取ろうとしてもうまくいくはずがありません。医学的に見て、じつに当たり前の話です。

苦手な相手であればあるほど、その電話には出ず、深呼吸をして、できれば水を一

杯飲んで、自分のコンディションを整えてからあらためて電話をすべきです。

相手のタイミングでコミュニケーションをするのではなく、できる限り自分のタイミングで話をする。この意識を持つだけでも違います。

電話の話で言うと（特にオフの時間には）「出るのか、出ないのか」を決めておくのも大事。夜、食事会をしているとき、あるいは、ちょっとしたミーティングをしているときに、相手の携帯電話が鳴って、話を中断させられることがありますよね。電話に出ること自体は構わないのですが、「電話が鳴ったら、何でもかんでも出る」というのは正直賛同しかねます。

ちなみに私は（いわゆるオフの時間の場合）患者さんからかかってきた電話はほぼ例外なく出ますが、重要な案件を抱えている相手、失礼があってはいけない相手以外は出ないと決めています。

そのように「決めておく」というのが、じつはけっこう大事なのです。

No. 67

緊張を和らげたいときは、壁の時計を見る

「自分はアガリ性ですぐに緊張してしまうので、それをどうにかしたい」という相談を受けることがよくあります。

そもそも「緊張する」というのは、これから起こる出来事に対して体が準備をしている状態なので、必ずしも悪いことではありません。むしろ、多少の緊張感は必要なものです。

とはいえ、「緊張しすぎる」「アガリ性だ」というのは決してよいコンディションとは言えないので、一つ対処法をお伝えしておきましょう。

私がよくアドバイスしているのは**「会場などに入ったら、そこにある時計を見て、形やメーカーを覚える」**という方法です。

緊張とは何の関係もないアドバイスのように感じられるかもしれませんが、「緊張しすぎる」というのは、つまるところ「一つのことしか考えられず、完全に視野が狭くなっている状態」です。

そんなとき「できるだけリラックスすることが大事です」「そのことばかりを考えないようにしましょう」なんていっても実践できるはずがありません。

頭を空っぽにしようとしても、不安要素がムクムクと沸き上がってくるに決まっているからです。不安や緊張があるときに「それを考えないようにする」というのは、じつは一番むずかしいアプローチなのです。

だから、あえて別のタスク（時計を見て、形やメーカーを覚えるなど）を自分に課すことが大事。 すると、自然に意識を逸らすことができます。

スポーツ選手がルーティンをやるのも、「決まった動作」を自分に課すことで、余計な緊張や不安を排除して、その「動作そのもの」に集中するという狙いがあります。

簡単なことなので、ぜひ試してみてください。

No. 68

リアルなシミュレーションが本番の成否を分ける

「緊張を和らげる」という話にもつながっているのですが、少しでもいい状態で本番を迎えるためには、徹底した準備が欠かせません。

講演にしろテレビ出演にしろプレゼンテーションにしろ手術にしろ、**「準備が成否を分ける」**と私は考えています。

10回のシミュレーションをすれば10回分の自信が生まれ、100回のシミュレーションをすれば100回分の自信が生まれる。

これは真実です。

ただし、このときに大事なのは、頭の中だけでテキトーにシミュレーションをするのではなく、流れをすべて書き出したり、実際に声に出して練習するなど、できるだけリアルにシミュレーションをやることです。

多くの人が経験していると思いますが、頭の中だけのシミュレーションというのは、「なんとなく、こんなふうに流れていくだろう」という不確定要素が多く、楽観的な想定の中で進められてしまうもの。

しかし、リアルなシミュレーションは違います。

流れや段取り、想定される質問項目などをすべて書き出してみると、準備の不備が浮き彫りになってきますし、声に出して練習をすると、大事なところがつながっていなかったり、「うまく言葉が出てこない」なんてことに気づきます。

準備というのは「ここまでやるか」「そこまでやらなくても」と周りがあきれるくらいやって普通だと思ってください。

「これくらいで大丈夫だろう」という気持ちが出てきたときほど、想定外の問題が起こり、足下をすくわれます。

No. 69

「心配事を入れる箱」を心の中に持つ

日々生活をしていると、どうしたって心配事は起こってきます。

仕事で問題が起こり先方にメールを送ったが、相手はどんな反応を示すだろう……

友人が検査を受けることになっているけど、結果はどうだろう……

娘や息子が受験の日を迎えたが、大丈夫だろうか……

などなど、心配事というのは尽きないものです。

心配事を抱えているという時点で、あなたのコンディションはかなり悪くなっています。 その日のパフォーマンスで、自分の力を100%発揮するのはほとんど不可能でしょう。

ただし、心配事に振り回されて一日を台無しにするのはあまりにもったいない。

そこで私が提案しているのは**「心の中に『心配事を入れる箱』を持つ」**という方法です。

実際に、心の中に箱があるイメージをして、その中に心配事を入れ、カギをかける。

そこまでの一連の流れを、本当に、リアルに想像するのです。

そして、**「この仕事が終わるまではカギをかけてしまっておいて、仕事を終えたらカギを開けてまた心配しよう」**と決めるのです。

もちろん、こんなことをしても心配事そのものはなくなりません。

しかし、人間の体というのは「〇〇のように対処する」という対処法が一度決まると、自律神経が整い、多少なりとも安心する方向へと働きます。

「カギをかけてしまっておく」と決めるだけでも、少なからず安心できるのです。

この方法で100%安心というわけにはいきませんが、何もしなければ普段の30%、40%しか実力が発揮できないところを、70%や80%に留めることは期待できます。これもまたコンディショニングにおける大事な意識の一つです。

No. 70

「ストレスを生むのは自分自身」と思えた瞬間から自律神経は整い始める

多かれ少なかれ、誰にでもストレスはあります。

「ストレスとどうつき合うか」というのもコンディショニングにおいてとても大事な要素。「苦手な相手」「やりたくない仕事」など、ストレス要因を避けることができるなら、避けるに越したことはありません。

しかし実際には、避けることができないから、ストレスとしてあなたにのしかかっているわけです。

そんな場合、「考えないようにしよう」「忘れよう」など、いわゆる「逃げる」という方法は得策ではありません。どんなに逃げようとしても、またすぐ脳裏に浮かんできてしまうからです。

それならいっそ逃げるのはやめて、徹底的に向き合い、掘り下げるほうが現実的。

ここでのポイントは「ストレスの原因を生み出しているのは誰か」を考えてみることです。そして、それは十中八九自分自身です。

「イヤな上司がいる」「面倒な取引先がいる」という事態にしたって、「その職場で働く」「転職しない」と決めているのは自分。「イヤな仕事を押しつけられる」という状況においても、「嫌われてもいいから断る」という選択をしないのは自分自身です。

誤解しないでほしいのですが、私は何も「結局、あなたが悪いんでしょ」とあなたを非難したいわけではありません。

「突き詰めれば、すべて自分がストレスを生み出している」と思うことができれば、一つの納得感が生まれ、心は少し軽くなります。

「この発想を持てるかどうか」がじつはとても大きいのです。

自律神経というのは、他人を責めているうちは乱れる一方ですが、「そうか、自分に責任があるんだ」と自覚できた瞬間から少しずつでも整い始めるものだからです。

No. 71

「こうする」と一度決めたら悩まない

たとえば、あなたが上司から面倒な仕事を頼まれて、それを引き受けたとしましょう。あなた自身もけっこう忙しいのですが、頼まれるとイヤとは言えない性格なので、引き受けてしまったのです。

ところが、すぐ目の前には暇そうにしている同僚がいて、あなたはつい「どうして上司は自分にこの仕事を頼んだんだろう」「もっと暇な人もいるのに！」と腹を立ててしまう。

似たような場面はどんな人にでもあるでしょう。

こんなとき、一番よくないのが「どうして引き受けてしまったんだろう」「どうして上司は自分に仕事を頼んだのだろう」「アイツは暇なのに」といつまでも、クヨクヨ考え続けることです。

あなたは一度「引き受ける」と決めたのですから、もうその先は迷わないという意識が必要です。 悩んだり迷ったりしてもロクなことはありません。

じつは、これはどんな場面にも起こること。

「Aという方法でやるか、Bにするか」「この仕事をやるか、やめるか」「休日出勤をするか、翌週に回すか」「残業をするか、しないか」「飲み会に参加するか、しないか」などなど……。

決断を下す段階では、じっくり、しっかり考えるべきです。

しかし、一度決断を下したからには、あとは迷わず、集中して取り組めばいいのです。その先で迷ったり悩んだりしても、結局は自律神経を乱し、仕事のクオリティーを落とすだけです。もし、あなたの決断が間違っていたのだとしても、その場ではメモ帳にでも書いておいて、後になってから「次はこういう決断をしよう」と、反省なり検証なりをすればいいのです。

No. 72

できる人ほど大事にしている「Don't believe anybody.」

ストレスの9割は人間関係。これは間違いありません。

そして、人間関係のストレスのうち、ほとんどが「相手に対する期待」から生じているることに気づいているでしょうか。

たとえば「同僚に気に入らない人がいる」というストレス。考えてみると、これは「もっとフレンドリーに接してほしい」「もっと、自分が好きな性格になってほしい」という期待の表れです。

期待と似ている言葉に「信用」というものがあります。これもじつにやっかいな代物で、たとえば私が手術をしている際、助手の若い医師がミスをしたとしましょう。

このとき、私が腹を立てるのはなぜか。

それは相手を信用し、「うまくやってくれる」と期待しているからです。

人を信頼し、期待するのは人間的には美徳です。

しかし、自らのコンディションを整え、常に高いパフォーマンスを発揮するという意味では、あまりオススメできません。

大事なのは「Don't believe anybody.」の精神。

「誰も信用しない」というのは、一見クールで、人でなしのように感じるかもしれませんが、**「すべては自分の責任である」という覚悟の表れ**と考えることもできます。

気に入らない上司がいようが、悪口ばかり言う同僚がいようが、後輩がミスをしようが、取引先が勝手なことを言おうが、いつ、どこで、どんなミスを起ころうが、すべては自分の責任。

そう認識していれば、他人に腹を立て、自律神経を乱すことはありません。

大事なのは、どんな状況下でも、ストレスフリーで、ベストなパフォーマンスを発揮することです。だからこそ、「Don't believe anybody.」なのです。

No. 73

ストレスは複数持つほうがうまくいく

大前提として言えることは、世の中にいる人のほとんどが複数のストレスを抱えながら、何とか折り合いをつけて生きているということ。

もしあなたが「たった一つのストレス」に悩んでいるとしたら、それは幸せだと考えたほうがいいでしょう。「たった一つのストレス」にクヨクヨ悩んでいるというのは、往々にして経験不足の人です。

たとえば、10代の若者が恋愛で悩んでいる場面を想像してみてください。

彼ら、彼女らは恋人からのメールがちょっと遅いだけで、まるでこの世の終わりのように悩み、人生を悲観します。恋人を別れることになろうものなら、「運命の人を失った……」とばかりに悲しみ、悩み続けます。

しかし、ある程度の経験を積んだ大人から見れば、「運命の人なんてことはない」「これからいくらでもいい人が現れるよ」と思うでしょう。

「たった一つのストレス」に悩んでいる人というのは、この状況によく似ています。もっと多くのストレスを抱えている人から見れば、「そんなことくらい、たいしたことないでしょ」と思える状況で、この世の終わりのような顔をしているのです。

ストレスが一つしかないから、それに過度にとらわれる。

私は自律神経の専門家として、もっと多くのストレスを抱えて、それが当たり前くらいの生き方をしたほうがいいと思っています。

体のしくみから言って、自律神経自体を鍛えることはできませんが、さまざまな経験を経て、ストレスへの耐性を高めていけば、少々のことでは動じなくなり、自律神経も乱れにくくなってきます。**コンディショニングという意味ではストレスフリーになることが理想ですが、たった一つのストレスに振り回されるくらいなら、ストレスを複数持って、耐性を高めることも必要です。**

No. 74

「言わなければよかった」「しなければよかった」を上書きする

誰にだって「あんなことを言わなければよかった……」「しなければよかった……」と後悔することがあるでしょう。

たしかに反省することは大事です。ミスの一つとしてメモを取り、一日の終わりに「成功パターン」に上書きしておくことをオススメします。

ただし根本的な考え方として、「あんなことを言わなければよかった」という事態というのは、あなたにとって「言わざるを得なかった」ということにほかなりません。

それだけ自分に余裕がなく、人間として未熟だったということです。

もちろん私にも「言わなければよかった……」という瞬間は数え切れないほどあり

ますし、「どうして、あんなことをやってしまったんだろう……」と後悔せずにはいられない瞬間はいくらでもあります。

でも、その瞬間のことを思い返してみると、やはり自分が未熟で、冷静さを失い、正しい判断ができなかった瞬間ばかりです。

そういった経験から学ぶべきは、「言わなければよかった」「やらなければよかった」という現象面ではなく、**「言わずにいられる人間」になること**であり、それだけ人として成長することです。

私もまだまだ発展途上ですが、以前の私に比べれば格段に「言わなければよかった」「やらなければよかった」と後悔・反省する場面が減ってきました。

それは「腹が立っても、言わずに我慢できるようになった」というより「そんなことにいちいち腹を立てても仕方ないな……」「自分のコンディションを崩すほうが馬鹿らしい」と余裕を持って思えるようになったということです。

そう思えるようになるまでは長い年月を要しますが、自律神経を整えるというのは、究極的にはそういうことなのです。

第 7 章

自分のタイプを知る

自分らしさの整え方

No. 75

人間は4つのタイプに分けられる

これまで本書では自律神経を整え、良好なコンディションを維持するための具体的な方法を数多く紹介してきました。

そこでのキーワードを一つ挙げるとしたら、それは**「ストレスフリー」**。

できるだけストレスのない状態をつくることが、結果として自律神経を整えることは間違いありません。ただし、ひと言でストレスと言っても「どのような状態にストレスを感じるか」というのは人それぞれです。

そこでこの項目では、4つのタイプを提示するので「あなた自身はどのタイプなのか」を考えてみてください。

タイプ1　周囲の目なんて気にすることなく、自分本位で突っ走れるタイプ
タイプ2　基本的には周囲の目を気にしないが、大事なポイントでは自分を抑え、周りに合わせられるタイプ
タイプ3　基本的には周りの目を気にするが、大事なポイントでは自分の思う通りに行動できるタイプ
タイプ4　常に周りを気にして、協調するタイプ

たとえば、「あの人は嫌いだ」と思ったら、社内で会ってもロクにあいさつもせず、平気な顔をしている人がいるでしょう。そんな人は典型的なタイプ1。優秀な外科医にもこのタイプは大勢います。

一方で、自分を主張すること自体がストレスになり、むしろ「周りに合わせているほうが楽」なんていうのがタイプ4。タイプ2と3はその中間的な人たちですが、まずは「自分がどのタイプか」を考えてみてください。

No. 76

ストレスフリーとは「本当の自分らしくいる」ということ

本書で私が推奨しているストレスフリーとは、何も「自分勝手に、自由に振る舞う」ということではありません。

会社の中で「あの人は、言いたいことを言って、自由に仕事をしているよね」「周りのことなんてまるで気にしてないよね」というタイプがいるでしょう。

たしかに、本人はストレスフリーかもしれません。

でも、その人と同じ態度を取ることがすべての人にとってストレスフリーかといえば、決してそうではありません。 タイプ1の人にとっては「周りを気にせず、自由にやる」というのはたしかにストレスフリーですが、タイプ4にとっては地獄以外の何ものでもないからです。

大事なのは「自分にとってのストレスフリー」とはいったいどういう状態なのかを知り、それに即した考え方や行動をすることです。

たとえば、あなたがひどい上司に悩まされているとします。

すると、友人や同僚が「一度、はっきり言ったほうがいいよ」「さらに上の上司に報告するべきだよ！」などと強気のアドバイスをしてくれることがあるでしょう。

たしかに、それも一つの方策です。

しかし、「はっきり言う」「さらに上の上司に報告する」という行為自体があなたにとって大きなストレスになるなら、むしろ黙っているほうがいいのです。

「黙っている」という（もっともストレスの少ない）選択をした上で、さらに別の方法でストレスを軽減し、コンディションを整えるアプローチを考えればいいのです。

ちなみに、私はタイプ3「基本的には周りの目を気にするが、大事なポイントでは自分の思う通りに行動できるタイプ」なので、どの部分で自分を抑え、どこで自分を主張するかを常に慎重に考えています。結局それが、私にとってのストレスフリーだからです。

No. 77

「八方美人」がストレスにならないなら、どんどんやればいい

2013年に発売された『嫌われる勇気』という本が長くベストセラーになっています。

さて、なぜこの本のメッセージが多くの人に受け入れられたかといえば、**それだけ「人に好かれようとすること」が多くの人にとってストレスになっていたから**です。

ただし、ここで忘れてほしくないのが、「人に好かれようとする」「八方美人になる」ということが、ストレスなくできる人もいるという現実です。

タイプ4のような人は「嫌われる勇気を持って行動する」より「周りを気にして、八方美人になる」ほうがはるかにストレスフリーなのです。

もしあなたがタイプ4で「自分を主張するより、人に合わせているほうがストレスフリーだ」「そのほうが自分らしくいられる」というのであれば、自信を持って八方美人になってください。本当にそれでいいのです。

周りの風潮に流されて「八方美人はダメ」「もっと自分の意見を言わなきゃ」なんてがんばることでストレスを増やしているとしたら、それこそ本末転倒。

本書のテーマである「力の出し方」という側面から考えるなら、タイプ4の人はタイプ4の人なりの「力の出し方」を身につけることが肝心なのです。

そもそもタイプ4の人は協調性が高く、どんな人ともうまくつき合っていけるので、その特性（強み）を生かして、チームの中で立ち振る舞えばいいのです。

タイプ4に限らず、**あらゆるタイプに共通して大事なのは「自分のタイプ、特徴、強みを生かして、どうすればストレスフリーで力を発揮できるか」を考えることです。**

違うタイプの人のやり方、成功パターンを無理矢理真似するのではなく、「自分なりのやり方」で「自分に即したフィールド」で勝負する。

それが一番大切ですし、自分を生かす、もっとも効果的な方法です。

No. 78

本当の得意分野で勝負する

人生を切り開いていくために、もっとも大事なことは何かといえば、それは**「本当の得意分野で勝負すること」**だと私は考えます。

人間というのは、つい「あれも、これも」といろんなところに手を出したくなるものです。その道で活躍している人を見れば、「自分もあんなふうになりたい」と思いますし、ちょっと視野が広がってくると、すべての分野で評価されたいと思うようになってしまいます。

そもそも人生は「失敗」と「回り道」の連続ですから、いろんなことをやってみるのはいいと思います。特に若いうちは「自分の得意分野はここ!」「だから、それ以外はやらない!」なんて決めつけず、いろんな経験を積み、失敗をして、傷つくことも必要です。

ただし、ある程度のキャリアを積んだら、「本当の得意分野」で勝負をすることが大切です。

要するに「絞り、捨てる」ということです。

私も医師としてテレビやラジオに出演することが増えてくると、ときとして政治や経済のコメントを求められることがあります。そんなとき、以前なら「政治や経済のコメントもできるよう、その方面もがんばろう」なんて思っていましたが、あるときからスッパリやめました。

「そんなことをするくらいなら、もっと自分の得意分野に特化していこう」とはっきりと思い直したのです。まさに絞り、捨てたのです。

そう思えた瞬間から、私は本当の意味でのストレスフリーになりましたし、自分の専門・得意分野でのクオリティーは確実に上がりました。人生を切り開いている人というのは、結局のところ「自分の得意分野にこだわって生きている人」なのです。

No. 79

本当の得意分野では「嫉《ねた》み」「僻《ひが》み」は生まれない

「得意分野で勝負する」というのは、突き詰めれば「自分との戦い」だと私は考えています。他人と比較して「勝った、負けた」と優越感に浸ったり、嫉んだり、僻んだりしているうちは、本当の意味での得意分野ではないと、私は思います。

注意深く周囲を観察してみると、他人の悪口を言ったり、嫉んだり、僻んだりしている人というのは、自分の苦手（あるいは、それほど得意でない）分野で勝負している人ばかり。

本当の意味で「これが自分の生きる道だ」という覚悟と確信を持っている人というのは、つまらないことで嫉んだり、僻んだりはしません。

もちろん、どんな世界にも上には上がいますから、自分が選んだ道の先で「さらに優れた達人」と呼ばれる存在に出会うこともあるでしょう。

しかし、本当の得意分野で生きている人というのは、そんな「達人」に出会ったときに嫉んだり、僻んだり、相手を貶《おとし》めるようなことを言ったりはしません。

「この人は、どうしてこんなにスゴイのだろう……」「どうやっているんだろう」「何を考えているんだろう……」と興味津々になるものです。**純粋な興味や向学心が先に立ち、「とにかく学びたい」という気持ちになるはずです。**

結局は、そのメンタリティーで高みを目指せる人がどんどん成長していくのであり、自他ともに認める「達人」になっていくのではないでしょうか。

さて、あなたにとっての「本当の得意分野」とはいったい何でしょうか。

何もそれはスポーツ、医療、政治といった大きなジャンルでなくても構いません。「新しいアイデアを生み出すこと」「お客様に対して誠実に向き合うこと」「人をサポートすること」など、何でも構いません。ぜひとも「ここだけは誰にも負けない」という自負とプライドを持てる「本当の得意分野」で勝負してください。

No. 80

100回失敗しても、101回目に成功すればいい

本書では、さまざまな「考え方」「意識の変え方」「方法論」を紹介してきました。

本書に書いてあることを実践すれば、間違いなく、あなたは「あなたらしい、すばらしい人生」を切り開いていけます。

しかしはっきりと申し上げておきますが、どんな些細な事柄でも、そんなに簡単に実践し、習慣化できるものではありません。

「仕事を終えたら、帰る前にデスク回りを片づける」にしたって、「次の行動を一つ決める」という「一個の法則」にしたって、「目的を考えてから飲み会に参加する」というやり方にしたって、一つ一つはじつに些細で単純なものばかりですが、いざ実践しようと思うと、そうそううまくはいきません。

だから、少しくらいうまくいかなくても、決して落ち込まないでください。

それは、あなたの意志が弱いのでも、行動力が足りないのでもなく、人間としてそれが当たり前だからです。

ただし、日々反省をして「今回はダメだったけど、次はこうしよう」「明日はこれをやろう」ということだけは、めげることなく続けてください。

一日の最後につける点数が「0点」でも構いません。ただし、その「0点をつける」という習慣だけはやめないでほしいのです。

100回失敗を繰り返せば、101回目には成功する日が訪れます。

ぜひともその101日目を信じて、反省と検証だけは続けてください。

本書で紹介したさまざまな「整える習慣」が、いつしかあなたの習慣となり、すばらしいパフォーマンスを安定的に発揮できるようになることを私も願っています。

そうなれば確実に、あなたの人生は変わっているはずです。

〔著者紹介〕

小林　弘幸（こばやし　ひろゆき）

順天堂大学医学部教授。日本体育協会公認スポーツドクター。

1960年、埼玉県生まれ。87年、順天堂大学医学部卒業。

92年、同大学大学院医学研究科修了。

ロンドン大学付属英国王立小児病院外科、トリニティ大学付属医学研究センター、アイルランド国立小児病院外科での勤務を経て、順天堂大学小児外科講師・助教授を歴任。

自律神経研究の第一人者として、数多くのプロスポーツ選手、アーティスト、文化人へのコンディショニング、パフォーマンス向上指導に関わる。

一流の人をつくる　整える習慣　（検印省略）

2015年6月12日　第1刷発行

著　者　小林　弘幸（こばやし　ひろゆき）
発行者　川金　正法

発　行　株式会社KADOKAWA
〒102-8177　東京都千代田区富士見2-13-3
03-3238-8521（カスタマーサポート）
http://www.kadokawa.co.jp/

落丁・乱丁本はご面倒でも、下記KADOKAWA読者係にお送りください。
送料は小社負担でお取り替えいたします。
古書店で購入したものについては、お取り替えできません。
電話049-259-1100（9：00～17：00／土日、祝日、年末年始を除く）
〒354-0041　埼玉県入間郡三芳町藤久保550-1

DTP／キャップス　印刷／暁印刷　製本／BBC

ISBN978-4-04-601284-5　C2034